Lawrence J. Crabb

Vater, lieber Vater …

Den Frauen, die unsere Lebensgeschichte teilen:
Isabel, Rachael, Phoebe, Carolyn und Kim

Lawrence J. Crabb

Vater, lieber Vater . . .

Vom Geheimnis geistlicher Vorbilder

Brunnen-Verlag · Basel und Gießen

ABCteam-Bücher erscheinen in den folgenden Verlagen:
Aussaat Verlag Neukirchen-Vluyn
R. Brockhaus Verlag Wuppertal
Brunnen-Verlag Basel und Gießen
Christliches Verlagshaus Stuttgart
(und Evangelischer Missionsverlag)
Oncken Verlag Wuppertal und Kassel

Die Bibelzitate wurden der Lutherbibel 1984 entnommen.

Titel der amerikanischen Originalausgabe:
«God of My Father»
Erschienen 1994 bei Zondervan Publishing House, Grand Rapids, Michigan

Aus dem Amerikanischen von Barbara Trebing

Umschlag: Kirchhofer Editorials, Basel
Satz: Uhl + Massopust, Aalen
Druck: Clausen & Bosse, Leck

Printed in Germany

ISBN- 3-7655-1062-9

Inhalt

Ein Vater ist jemand,

der seinen Weg so geht, daß andere Sehnsucht bekommen, denselben Weg zu gehen.

Ein Vater ist jemand,

der sich hin und wieder zu seinen Kindern umdreht, die ihm auf seinem Weg folgen. Sein Blick ist voller Mitgefühl, und er versteht, was in ihnen vorgeht, und nimmt Anteil an ihrem Leben. Er versteht sie, weil er sich die Zeit nimmt, ihnen zuzuhören, und weil er seine eigene Geschichte noch nicht vergessen hat. Er nimmt Anteil, weil er sich zutiefst nach dem sehnt, was er auf dieser Erde noch nicht haben kann.

Ein Vater ist jemand,

der sich wieder nach vorn wendet, von seinen Kindern fort, und weitergeht. Er reicht seinen Kindern nicht die Hand, wo sie sich selbst helfen könnten – weil er ihren Charakter gefestigt sehen möchte. Indem er für etwas Wichtigeres lebt als für seine Kinder, gibt er ihnen das größte Geschenk, das ein Vater geben kann – den Blick auf Gott. Weil er sich voll Liebe um seine Kinder kümmert, müssen sie sich nicht wertlos oder ungeliebt vorkommen. Weil er sich vor allem nach Gott sehnt, erkennen sie, daß sie nicht der Mittelpunkt seines Lebens sind. Statt dessen werden sie eingeladen, gemeinsam mit ihm nach diesem höheren Ziel zu streben.

Einleitung

Während eines Besuchs bei meinen Eltern in South Carolina im Frühjahr 1988 entdeckte ich auf dem Couchtisch zwischen Zeitschriften und Büchern, die dort wie zufällig lagen, ein rotes Notizbuch. Ich konnte der Neugier nicht widerstehen und zog es hervor.

Über die Hälfte des Heftes war mit der Handschrift meines Vaters bedeckt, sehr unleserlich und allem Anschein nach nicht dazu bestimmt, von anderen gelesen zu werden. Meine Neugier wuchs, und ich blätterte durch die Seiten und versuchte hier und da am Beginn oder Ende eines Absatzes einen Gedanken zu entziffern. Ich las:

– Die schwerste Glaubensprüfung war für mich lange Zeit die Armut meiner Mutter.
– Wie sehr wünschte ich mir, ich hätte meinen Vater gekannt!
– Ich habe das Gefühl, kaum etwas Bedeutendes geleistet zu haben. Wird man mich vermissen, wenn ich einmal tot bin?
– Wenn ich gegenüber meiner Frau und den Söhnen nur besser zum Ausdruck bringen könnte, was ich für sie empfinde.

Meine Neugier wich einem gespannten Interesse. Ich kam mir vor wie ein ungebetener Eindringling.

Als Dad vom Einkaufen zurückkehrte, fragte ich ihn, was es mit dem Inhalt des Heftes auf sich habe. «Ach, das», antwortete er gleichmütig. «Wenn ich nachts nicht schlafen kann, stehe ich manchmal auf und notiere, was mir gerade so durch den Kopf geht. So eine Art Tagebuch, würde ich sagen. Ich folge einfach meinen Gedanken, egal in welche Richtung sie mich führen. Das ist für mich wie ein Ventil. Vielleicht ist es das Vorrecht älterer Menschen, auf ihr Leben zurückzublikken und einfach sagen zu können, was ihnen gerade in den Sinn kommt.»

«Hättest du etwas dagegen, wenn ich es lese?» fragte ich.

«Kann mir nicht vorstellen, daß es dich interessiert. Aber wenn du möchtest, bitte.»

Ich fand das Notizbuch mehr als faszinierend. Als ich einmal angefangen hatte zu lesen, konnte ich es nicht mehr aus der Hand legen. In diesen Betrachtungen, die ich seitdem die «Nachtwanderungen» meines Vaters genannt habe, hat er sein Herz ausgeschüttet, hat seinen Gedanken und seiner Phantasie freien Lauf gelassen und ohne Rücksicht auf ein prüfendes Auge aufgeschrieben, was ihm wichtig ist. Manchmal mußte ich lachen; mehr als einmal kamen mir die Tränen. Ganz neu begegnete ich hier dem Mann, der einen größeren Einfluß auf mich ausgeübt hat als irgendein anderer, und es wurde mir klar, warum sein Einfluß mich so geprägt hat. Das war seine Geschichte.

Beim Lesen kam mir eine Idee. War die Geschichte meines Vaters nur für mich von Bedeutung? Konnte sie nicht auch anderen Menschen von Nutzen sein? Möchte Gott nicht, daß seine Wahrheit von einer Generation an die andere weitergeleitet wird, und zwar auch dadurch, daß Menschen vorbildhaft leben? Würden nicht auch andere den Wert ihrer Glaubensvorbilder ganz neu schätzen lernen, wenn ich davon erzählte, welch ein Vorbild des Glaubens mein Vater für mich war? Und könnten sie nicht sogar dazu angeregt werden, selbst bewußter und vorbildhafter zu leben?

Der Gedanke, der mir beim Durchlesen von Vaters «Nachtwanderungen» kam, hat im vorliegenden Buch Gestalt angenommen. Wie kann ein älterer Mensch einen jungen zum Guten beeinflussen, wie kann er ihm ein «Mentor», ein geistliches Vorbild sein? Darum geht es in diesem Buch; allerdings nicht in Form theoretischer Ratschläge, sondern dargestellt am gelebten Beispiel.

Es ist ein sehr persönliches Buch, persönlicher als alle Bücher, die ich bis jetzt geschrieben habe, und wahrscheinlich auch persönlicher als andere Bücher über geistliche Vorbilder, weil mein Mentor mein eigener Vater ist. Nicht viele

Menschen können ihre geistlichen Vorbilder benennen. Und von denen, die es können, würden sicher nur wenige ihren Vater nennen.

Ich gehöre zu der verschwindend kleinen Minderheit von Menschen, die durch ihre Väter zu Gott gefunden haben. Für viele hat das Wort «Vater» heute einen schalen Beigeschmack und bezeichnet jemanden, der einen im Stich läßt, der mißbraucht, erniedrigt oder Vollkommenheit verlangt. Kein Wunder, daß Väter oft eher als Hindernisse denn als Einladung zu einem Gott, der unser Vater sein will, betrachtet werden. Ich hoffe und wünsche, daß durch dieses Buch mehr Kinder der nächsten Generationen Väter kennenlernen, die ihnen Gott zeigen, statt ihn zu entstellen oder zu verdecken.

Ich habe meinen Vater gebeten, auf die über achtzig Jahre, die er inzwischen durchlebt hat, zurückzuschauen und von Ereignissen zu erzählen, die seinen Charakter und seinen Glauben entscheidend geprägt haben. Vieles ist seinen «Nachtwanderungen» entnommen.

Die Geschichte meines Vaters ist nicht ohne ergreifende Momente. Als Fünfjähriger stand er am Bett seines sterbenden Vaters. Sein Kummer war so groß, daß es für eine kurze Zeit schien, der Zweifel würde seinen Glauben überwinden. Als Achtundsiebzigjähriger reagierte er auf einen anderen Todesfall – diesmal seines erstgeborenen Sohnes –, indem er Gott zehn Minuten lang anschrie. Und später, als klar wurde, daß Gott das Geschehene nicht bereuen würde, hielt er meine Mutter ganz fest in seinen Armen, und durch ihre Tränen hindurch erlebten sie eine Nähe und Vertrautheit, wie sie sie in den über fünfzig Jahren ihrer Ehe noch nicht erfahren hatten.

Manche Erinnerungen sind bittersüß. Da lag ein heißersehnter Fußball unter dem Weihnachtsbaum, der das mit einem Strick zusammengehaltene Bündel Lumpen ersetzen sollte. Aber da war kein Vater, der den Zwölfjährigen angefeuert und angespornt hätte ...

Jeder Mensch hat seine Geschichte. Doch ihr Sinn offenbart sich erst, wenn sie in den größeren Zusammenhang von Gottes

Geschichte gestellt wird. Nachdem mein Vater von einem Abschnitt seines Lebens erzählt hat, denkt er in jedem der Kapitel über seine Bedeutung nach. Er fragt: Was hatte Gott vor, als er diese Dinge geschehen ließ? Welche Wirkung hatten diese Ereignisse auf mich, einen ehrlichen Christen, der sich regelmäßig einem Gott gegenübersah, dessen Handeln keinen Sinn zu haben und der manchmal sehr gleichgültig zu sein schien?

Beim Lesen werden Sie entdecken, wie sehr mein Vater seine Bibel liebt und wie vertraut er mit ihr ist. Wie ich glaubt auch er, daß der Abriß unserer größeren Geschichte, der unsere kleineren Geschichtchen erhellt, nur in Gottes Buch zu erfahren ist. Der Sinn unseres Lebens läßt sich nie im Leben selbst finden.

Als ich die einzelnen Kapitel las, sah ich mich selbst, dreißig Jahre hinter meinem Vater, denselben Weg entlanggehen (natürlich mit anderen holperigen Stellen und Umwegen). Ich sah mich meine Geschichte leben, wünschte mir, sie sei mehr mit Gottes Geschichte verwoben, und ärgerte mich gleichzeitig darüber, weil ich dann die Starrolle, die ich so gern spiele, aufgeben müßte.

Dann versuchte ich zum Ausdruck zu bringen, was in meinem Herzen vorging, als ich meinen Vater bei seiner Rückschau beobachtete. Was geht in einem Menschen vor, wenn er über sein Vorbild nachdenkt? Was empfinde ich, wenn ich zusehe, wie ein Mann seinen Weg treu weitergeht, wo ich selbst oft am liebsten aufgeben würde?

Mein Vater spricht eine sehr fromme Sprache, und obwohl er sich darin weit besser ausdrücken kann als ich, wirkt sie doch oft unvollkommen, manchmal überraschend. Er sagt Dinge, die ein reifer Christ eigentlich nicht sagen sollte, und er sagt sie mit einer Betonung, die nur wenigen Menschen eigen ist, weil er eine Welt kennt, die nur wenige Menschen gesehen haben.

Sein Glaube ist zutiefst in seinem Innern verwurzelt, vor langer Zeit von Gott dort eingepflanzt und durch das geduldige Wirken des Heiligen Geistes über die Jahre hinweg stetig gepflegt und gefestigt. Und je mehr er sich nach dem Unsichtbaren, Übernatürlichen sehnt, desto mehr wächst sein Glaube auch in die Tiefe.

In einer Ansprache, die er kurz vor seinem achtzigsten Geburtstag hielt, sprach mein Vater davon, einen «Hauch des Himmels» verspürt, Lachen und Musik gehört zu haben, welche die Sehnsucht in ihm weckten, bald auch zu den vollendeten Heiligen gehören zu dürfen. Dieser Satz, der die dreihundert Zuhörer zu Tränen rührte, spiegelt etwas wider von der inneren Einstellung eines alten Mannes, dem vieles – ein Tennisspiel, Gesundheit oder sich selbst zu kämmen – nicht mehr vergönnt ist, der aber voller Zuversicht davon reden kann, daß das Beste noch kommt. Weil er nicht müde wird und immer weiter nach vorne sieht, macht er mir Mut. Durch sein Vorbild kann ich den Weg jetzt deutlicher erkennen und mir selbst neu vornehmen, darauf zu bleiben.

Es ist mein Wunsch, daß auch Sie durch das Lesen dieses Buches und der Gesprächsanleitung (ob in der Gruppe oder allein) ermutigt werden, den Weg zu gehen, der Sie nah genug an das Land heranführen wird; daß Sie seinen Duft riechen und das Lachen hören können. Und möge es Ihnen Mut machen, den Weg so zu gehen, daß andere Sehnsucht bekommen, Ihnen zu folgen. Vielleicht können wir so ganz neu zu einer Generation von Vorbildern werden, die wie gestandene Seeleute das Land bereits riechen, bevor es in Sicht ist.

P. S. Bitte lassen Sie sich nicht verwirren von der Tatsache, daß sowohl mein Vater als auch ich den Vornamen «Lawrence» tragen. Innerhalb dieses Buches werde ich jedoch in der Regel «Larry» genannt.

KAPITEL

1

Pscht – Gott ist da!

Am Beginn jedes Kapitels zeigen Dad und ich ein paar Fotos aus unseren Familienalben. Hier sind meine Großeltern, Charles und Laura Crabb, mit Cecil, Helen und meinem Vater (Mabel war noch nicht geboren), etwa 1915.

Er hat seine Wege Mose wissen lassen, die Kinder Israel sein Tun.
Psalm 103,7

Die Erinnerungen meines Vaters ...

1917 bestand unsere Familie aus sechs Personen. Es ging uns gut. Papa war um die dreißig, Mutter etwas jünger. Wir vier Kinder waren zwischen sieben und einem Jahr alt. Ich war fünf; fast sechs, im Fall, daß jemand fragte.

Papa hatte eine gute Stelle. Nach einer Lehre in England arbeitete er als Hersteller wissenschaftlicher Instrumente. Ich liebte diesen Begriff, obwohl ich nicht die leiseste Ahnung davon hatte, was er bedeutete.

Dem Fünfjährigen erschien Papa mindestens drei Meter groß, allmächtig und allwissend. Jeden Abend, kaum daß die Uhr sechs geschlagen hatte, warteten wir darauf, seine Schritte auf der Treppe zu vernehmen. Die erste Umarmung galt immer unserer Mutter. Oh, wie liebte er sie.

Wenn ich an Papa denke, dann sehe ich immer unser Haus in der Germantown-Avenue in Philadelphia, Pennsylvania, vor mir. Germantown-Avenue (wir nannten sie die Hauptstraße) war von Ladengeschäften gesäumt, über denen sich zweistöckige Wohnungen befanden. Da gab es John, den Friseur, Steven, den Klempner, *Toplis*, eine Apotheke, *Jollies* – Hüte, Mützen, Hosen, Herrenausstattung – und, das Beste von allem, *Haasis*, eine Eisdiele und Bäckerei. Es war ein Ereignis, wenn wir am Samstagabend eine große Glasschale mit der Spezialität des Hauses auffüllen lassen durften. Sie konnte nie groß genug sein für uns sechs, aber Papa sorgte dafür, daß alles gerecht verteilt wurde.

In vorderen Teil unserer Geschäftsräume war die Evangeliumshalle von Germantown zu Hause, der Versammlungsraum unserer Gemeinde. Ein verhangenes Spiegelglasfenster zeigte eine aufgeschlagene Bibel und die Worte aus Johannes 3,16. Jemand hatte den Vers unterstrichen: «Also hat Gott die Welt geliebt, daß er seinen eingeborenen Sohn gab, auf daß alle, die an ihn glauben, nicht verloren werden, sondern das ewige Leben haben.» Das Gebäude hatte zwei Eingangstüren: eine große, die sich in den Versammlungsraum öffnete, und eine schmale, die zum Gang und der Treppe zu unserer Wohnung in der zweiten und dritten Etage führte.

Alles spielte sich auf dem zweiten Stock ab. Das vordere Zimmer, lang und breit, wurde von einem Vorhang geteilt. Rechts war Papas Werkstatt und links die gute Stube. Diese Stube mit ihren steifen, hochlehnigen Stühlen, einer Couch und einem kleinen Tisch wurde nur benutzt, wenn Besuch kam. Ich kann mich noch daran erinnern, wie wir auf den unbequemen Stühlen ausharren mußten, während die Erwachsenen sich unterhielten.

In Papas Werkstatt war es ganz anders. In seiner Freizeit reparierte Papa Uhren für Philadelphias Juweliere. Mein Bruder Cecil und ich gaben gern mit den «komplizierten Dingern» an, die nur unser Papa richten konnte. Fasziniert sahen wir zu, wenn Papa durch sein Vergrößerungsglas schaute, um die winzigen Federn und Rädchen zurechtzuschieben.

Hinter diesem Raum befand sich unser Wohnzimmer mit dem Klavier und einem alten Harmonium. Daneben lag das Elternschlafzimmer. Die drei größeren Kinder schliefen im dritten Stock.

Die Küche erstreckte sich über die gesamte Breite des Hauses. Hier frühstückten wir, nahmen die Mittagsmahlzeit und das Abendessen ein. Für 1917 war die Küche sehr modern. Wir hatten ein Spülbecken mit Hähnen für warmes und kaltes Wasser (das Wasser wurde in einem Boiler über dem Kohleherd erhitzt), Gaslampen und Zentralheizung (über einem Kohleofen im Keller). Nach vorn und nach hinten gab es Fenster, manche mit Fliegengitter, damit die Luft zirkulieren konnte – unsere Version einer Klimaanlage.

Papa hatte sich damals etwas Neuem zugewandt – dem elektrischen Licht. Eines Tages beschloß er, im Versammlungsraum die nötigen Leitungen zu legen, für einen Laien ein gewaltiges Unterfangen. Am Montag abend nach dem Abendessen fing er an und unterbrach seine Arbeit nur am Mittwoch abend für die Gebets- und Bibelstunde. Obwohl er an den letzten beiden Abenden bereits hohes Fieber hatte, ließ er sich nicht hindern. Er hatte sich vorgenommen, am Sonntag morgen für den Abendmahlsgottesdienst fertig zu sein. Er wickelte sich kühle Umschläge um den Kopf und arbeitete weiter. Am Sonntag morgen funktionierte das elektrische Licht, aber Papa saß nicht im Gottesdienst. Er lag im Bett, ein Opfer der tödlichen Grippeepidemie des Jahres 1917. Er erholte sich nicht mehr.

An einem Tag, den ich nie mehr vergessen werde, etwa fünf Tage später, waren Mutter und ich allein mit Papa. Eine freundliche Nachbarin hatte die anderen Kinder abgeholt, um mit ihnen spazierenzugehen. Papa phantasierte und wälzte sich fiebrig im Bett herum; er war schweißgebadet. Mutter ermahnte mich: «Lawrence, bleib hier bei Papa. Ich hole ein paar kühle Tücher und bin gleich wieder da. Aber denk dran, geh nicht aus dem Zimmer, nicht für eine Sekunde, hörst du?»

Da saß ich nun und kam mir ganz wichtig vor. Ich hatte die Verantwortung für meinen Papa.

Nur wenige Augenblicke nachdem Mutter das Zimmer verlassen hatte, richtete Papa sich im Bett auf. Er sah mich an, doch ich wußte, er sah mich eigentlich nicht. Er sagte auch nicht meinen Namen. «Verlaß das Zimmer, sofort!» befahl er.

Wie aber sollte ich Papa und Mama gleichzeitig gehorchen? Voller Angst rannte ich in die Küche. «Papa hat gesagt, ich soll aus dem Zimmer gehen. Er hat es gesagt.»

Hinter mir erschien Papa in seinem Nachthemd und eilte auf das nächste Fenster zu, um das Fieber, das ihn verzehrte, zu kühlen.

Mutter, etwa halb so groß wie Papa, faßte ihn am Arm, und ich umklammerte seine Beine. Irgendwie gelang es uns, ihn ins Bett zurückzubringen. Mutter behauptete immer, es sei ein Wunder gewesen, eine Gebetserhörung. Einen Sturz aus dem Fenster im zweiten Stock hätte er nicht überlebt.

Papa lebte nur noch wenige Tage. Jeden Tag kam der Doktor, um nach ihm zu schauen, doch er konnte nicht viel mehr tun, als ihm ein wenig Erleichterung zu verschaffen. Jahre später schilderte Mutter mit ihren eigenen Worten, was geschah. «Ich saß am Bett. Irgendwie wußte ich, daß es das Ende war, und zum ersten Mal weinte ich vor euren Augen. Gott nahm mir meinen Charlie, nachdem wir nur eine so kurze Zeit zusammensein konnten. Er ließ mich als Witwe mit vier Kindern zurück. Was sollte ich tun? Da sah Papa mich an. Er erkannte mich, und ich sah die Zärtlichkeit in seinen Augen. Er richtete sich auf und nahm mich in die Arme. Einen Augenblick lang dachte ich, er würde wieder gesund werden. Dann sagte er: ‹Laura, Laura, weine nicht. *Pscht – Gott ist da!*› Dann starb er.»

Meine jüngste Schwester, Mabel, schrieb viele Jahre später ein Gedicht darüber, das sie «Wir fünf» nannte.

Uns fünfen
ward zuteil ein Stück:
ein Satz nur,
doch in ihm liegt Glück.

Im Schatten strahlte
Licht uns klar,
als sterbend sprach er:
«Pscht – Gott ist da!»

Ein fünfjähriger Junge weiß noch nichts von Römer 8, Vers 28. Mir zu sagen, daß «alle Dinge zum Besten dienen», wäre brutal gewesen. Ich wußte nur, daß Gott meinen Papa, trotz unserer Gebete, hatte sterben lassen.

Mutter hatte uns oft an sich gezogen und mit uns gebetet. «Kinder», hatte sie uns getröstet, «Papa wird wieder gesund werden. Ihr werdet es sehen. Gott erhört Gebete. Er kann es tun.»

Für mich hießen Papas letzte Worte, «Gott ist da», nur das

eine: Gott hatte meinen Papa sterben lassen. Er war dafür verantwortlich. Er hätte dafür sorgen können, daß Papa wieder gesund wurde. Er hatte es nicht getan. Kümmerte es ihn nicht? War es ihm egal?

Lese ich jetzt, mit achtzig Jahren, zu viel in einen kleinen Jungen hinein? Doch ich erinnere mich noch lebhaft an ein Ereignis, das ich etwa ein Jahr nach Papas Heimgang erlebte.

Ich war bei meinem Freund Manuel zu Hause, in einer Wohnung, die mit der unseren fast identisch war. Manuels Papa war etwa so alt wie meiner. Wir spielten in der Küche Räuber und Gendarm, als er sagte: «Oh, es ist schon gleich sechs, Larry. Laß uns zu dir gehen und Ball und Handschuhe holen und Werfen spielen.»

Wir waren mitten im Spiel, und ich konnte nicht einsehen, wieso es so wichtig sein sollte, ausgerechnet jetzt aus dem Haus zu gehen. Schließlich würde es noch mindestens eine Stunde lang hell sein. «Nein, wir müssen jetzt gehen», sagte Manuel und ging zur Küchentür. Dann hörten wir seinen Papa die Treppe heraufstapfen. Wie anders hörte sich das an als die freudig erwarteten Schritte meines Vaters.

Manuel war vor Angst wie gelähmt. Die Tür flog auf, und Manuel rannte schreiend durch die Küche. Sein Vater verfolgte ihn mit einem Riemen, oder war es sein Gürtel?, in der Hand. «Ich werde dich lehren, du kleiner Lump. Ich werde dir eine Lektion beibringen, die du so schnell nicht vergessen wirst.» Manuels Mutter versuchte sich zwischen die beiden zu werfen, während ich mich schnellstens aus dem Staub machte!

Ein paar Tage lang sah ich Manuel nicht. Er erwähnte den Zwischenfall nie, als ob er nie stattgefunden hätte.

Gott hatte meinen Papa weggenommen und dieses Ungeheuer am Leben gelassen. Warum?

Heute, nach einem langen, mühsamen Lernprozeß weiß ich, daß Römer 8,28 kein billiger Trost ist. Ich weiß, daß es stimmt, jedoch nicht in der hohlen «Preis-den-Herrn»-Mentalität, in der es oft gesagt wird. Obwohl ich noch immer nicht verstehe, warum Gott tut, was er tut, glaube ich diesen Vers, weil ich etwas von Gottes Wesen erkannt habe. Er ist unberechenbar. Er funktioniert nicht nach meinen Plänen. Ich habe lange gebraucht, bis ich darin etwas Positives erkennen konnte. Zu oft erscheint mir seine Hoheit eher unbarmherzig als gütig. Aber ich habe etwas von Golgatha gelernt. Ich höre den Todeskampf des dreieinigen Gottes in jenen furchtbaren Stunden, als Gott durch den Tod seines Sohnes die Welt mit sich selbst versöhnte. Und sein eigener Sohn schrie: «Mein Gott, mein Gott, warum hast du mich verlassen?» Auch Christus fragte mit kaum vorstellbarer Leidenschaft, warum.

Und nur Christus allein weiß, was es wirklich bedeutet, verlassen zu sein. Mein Gefühl der Verlassenheit ist dagegen nur eine Illusion, die auf einem Mißverständnis beruht.

Werde ich all das je lernen? Sicher nicht ganz. Aber Gott hat mich in diesem Lernprozeß immer näher zu sich gezogen. Das gute Werk, das er in mir angefangen hat, wird er bis an den Tag Jesu Christi vollenden (Phil. 1,6). Dieser Tag wird kommen. Die Vorfreude darauf ist wirklich wie ein «Hauch des Himmels».

Von Papa zu reden, ohne von dem Heiratsantrag zu sprechen, den er seiner geliebten Laura vor bald einem Jahrhundert schrieb, hieße, etwas davon verschweigen, was für ein Mann er gewesen ist. Obwohl der Brief den meisten Menschen unserer Generation nicht furchtbar romantisch und recht steif vorkommen wird, habe ich doch den Eindruck, als sei mein Vater ein sehr empfindsamer, feinfühliger Mensch gewesen:

> Meine liebe Laura,
> da ich vorgeschlagen und halb versprochen habe, Dir zu schreiben, will ich nun hiermit auch gern von diesem Vorrecht Gebrauch machen. Dieser Brief nimmt Bezug auf unser Gespräch vom letzten Sonntagabend. Als Du mich fragtest, ob ich Dich liebe, bemerktest Du, daß ich mich nicht besonders klar ausgedrückt habe. Das geschah nicht, weil ich irgendwelche Zweifel in dieser Beziehung hätte, sondern weil ich – da es eine so neue Erfahrung ist – wahrscheinlich nicht wußte, wie antworten. Wenn ich Dich jetzt nicht liebe, Laura, dann werde ich es wahrscheinlich nie tun. Ich bin nicht sehr gefühlvoll, aber mein Antrag vom Sonntag geschah nicht aus einer Laune

heraus. Meine Gefühle und meine Liebe zu Dir wurden in unserem Gespräch vom Sonntag reichlich bestätigt, und ich bin froh, daß ich geredet habe. Was den nächsten Schritt angeht, der für uns beide so bedeutungsvoll sein wird, so hängt der Zeitpunkt von den Umständen ab. Du kennst meine Umstände, und obwohl es keineswegs meine Absicht ist, den Tag hinauszuschieben, müssen wir natürlich zuerst vorbereitet sein. Ich habe so oft das Gefühl, ich sei der Zuneigung einer gläubigen Frau, wie Du es bist, nicht würdig, und doch glaube ich von ganzem Herzen, daß Gott es ist, der uns zusammengebracht hat. Bis Gott es für richtig hält, uns zu trennen, will ich, mit seiner Hilfe, versuchen, Dir alles zu sein, was Du brauchst. Ich freue mich, diesen Brief schreiben zu können, denn ich weiß, Du verstehst mich. Und obwohl Du meine Frage noch nicht endgültig beantwortet hast, glaube ich, daß ich die Antwort erkennen durfte. Solange dieser Eindruck nicht korrigiert wird, werde ich glücklich sein, denn je öfter ich in Deiner Nähe bin, desto mehr verlangt mich danach. Liebe Laura, ich habe mich gerade von den Knien erhoben und diesen Brief zu einem Gebetsanliegen gemacht. Da ich glaube, daß wir beide uns in dieser Angelegenheit auf Ihn verlassen, bete und vertraue ich, daß wir unser ganzes Leben lang, mit Seiner Hilfe, zu Seiner Ehre leben werden, der uns geliebt und sich für uns dahingegeben hat. Ich werde natürlich sehr glücklich sein, eine Antwort auf diesen Brief zu erhalten, obwohl eine mündliche Antwort, wenn es Dir angenehmer ist, genauso angenommen wird. Daß Du glücklich bist, diesen Brief zu erhalten, und daß Deine Antwort darauf mich glücklich bleiben läßt, ist der ernsthafte Wunsch
Deines Charlie

Wenn ich diesen Brief lese, dann schreit mein Herz: «Papa, ich habe dich nie richtig kennengelernt. Keiner von uns kennt dich, außer Mutter.» Wie sehne ich mich danach, diesem Mann zu begegnen, der mein Vater war, und ich werde es tun!

Ein Satz in Papas Brief sticht mir immer wieder neu ins Auge: «Bis Gott es für richtig hält, uns zu trennen.» Wie schnell ging alles vorüber, aber was für kostbare Jahre müssen es gewesen sein.

Heute morgen, als ich gegen vier Uhr aufwachte, meinte ich seine Worte «Pscht – Gott ist da!» hören zu können. Während sie verebbten, erstand ein Bild vor meinen Augen. Mama, die sich über ihren kranken Mann beugt, um ihm zu antworten. Aber Papa war schon tot.

Seit dem Sündenfall, seit die Sünde in die Welt kam, ist die Menschheit von diesem Todesschmerz betroffen. Und doch ist jeder Kummer ganz persönlich und, in gewissem Sinne, auch auf sich selbst konzentriert. Was in unserem tiefsten Inneren vorgeht, läßt sich nicht mitteilen. Ich erkenne die Wahrheit von Sprüche 27, Vers 19: «Wie sich im Wasser das Angesicht spiegelt, so ein Mensch im Herzen des andern.»

Und doch ist tiefer Kummer weit mehr als nur eine Widerspiegelung dessen, was verloren wurde. Er kann auch gnadenlos das Fundament einreißen, das Jahre des Vertrauens errichtet haben. «Darum ward er ihr Heiland in aller ihrer Not» (Jes. 63,8-9). Können wir dieses Wunder begreifen? Wir müssen es! Nur einer, der völlig «anders» ist, kann ganz eins mit uns werden, wenn Verzweiflung und Einsamkeit uns überwältigen wollen. Wie deutlich sprach die einsame Gestalt an jenem Kreuz in der Mitte, als sie von den Verbrechern zu beiden Seiten verhöhnt wurde. Hören wir seine Worte. «Schaut doch und seht, ob irgendein Schmerz ist wie mein Schmerz» (Klagelieder 1,12).

Der Vers am Anfang dieses Kapitels erinnert uns daran, daß er «hat seine *Wege* Mose wissen lassen, die Kinder Israel sein *Tun.*» Sowohl in dem unaussprechlichen Grauen von Golgatha wie in der Todesangst, die wir so oft durchleben, verfolgt Gott seine Wege. Mose flehte: «Laß mich deinen Weg wissen.» Ich weiß, daß Gott bei allem, was er tut, einen Plan hat.

Die Kinder Israel interessierten sich nur für seine Taten – die erfreulichen (Wasser aus einem Felsen, Durchzug durch das Rote Meer) und die nicht so erfreulichen (Strafe für den Tanz um das Goldene Kalb, vierzig Jahre Wüstenwanderung). Je älter ich werde, desto mehr verlangt es mich danach, über die Taten hinauszusehen und etwas von seinem guten Plan zu begreifen, von seinen Wegen.

In diesem Leben werden wir seine Wege zwar nie ganz verstehen können, *aber wir wissen genug von seinem Wesen, um zur Ruhe zu kommen.* Er hat sich nicht undeutlich ausgedrückt. «Der auch seinen eigenen Sohn nicht verschont hat, sondern hat ihn für uns alle dahingegeben – wie sollte er uns mit ihm nicht alles schenken?» (Röm. 8,32). Er weiß Bescheid. Er kennt unsere ständigen Fragen, und er lädt uns ein, in seiner Liebe zu ruhen, seinen Schritten auf der Treppe zu lauschen und vor freudiger Erwartung zu strahlen. Er kommt nicht mit der Peitsche in der Hand. «Hoffet auf ihn allezeit, ... schüttet euer Herz vor ihm aus; Gott ist unsere Zuversicht» (Ps. 62,9).

Gott liegt etwas an uns. Er allein weiß, warum. Ihm liegt etwas an mir, und ihm lag auch in jener Nacht an mir, als er meinen Vater sterben ließ.

... und die Gedanken eines Sohnes ...

War der Glaube meines Großvaters, daß Gott immer da ist, naiv? Schließlich starb er, bevor das Leben genug Zeit hatte, ihm die Illusionen zu rauben. Er wurde nicht einmal so alt wie ich. Für mich haben gerade die Jahre zwischen dreißig und neunundvierzig Fragen aufgeworfen, auf die es keine einfachen Antworten gibt.

Er erlebte nicht mit, wie lange sein ältester Sohn, mein Onkel, dem Evangelium gegenüber abweisend blieb. Er wußte nichts von den familiären Konflikten, den Arbeitsproblemen und gesundheitlichen Beschwerden, die seine Enkel durchmachen mußten. Er hat auch nie erfahren, wie schonungslos das Leben mit unseren Gefühlen umgeht, uns im einen Moment ungeahnte Freude erleben läßt, um uns im nächsten in einen Abgrund des Leids zu stürzen.

Ich frage mich, ob er das Leben so sah, wie es der junge

Mensch gemeinhin tut, mit dem naiven Optimismus, daß irgendwie schon alles gut werden wird. Das Leben wird dir zwar ein paar Saltos abverlangen, aber du wirst doch immer wieder auf die Füße fallen. Sein Glaube wurde nie von jenen Anfechtungen in Frage gestellt, die erst mit dem Alter kommen, und er mußte auch nie mit dem Älterwerden kämpfen.

Seine letzten Worte, «Pscht – Gott ist da!», hatten für den Fünfjährigen keinen Sinn. Gottes unberechenbares Wesen war für ihn kein Grund zur Freude. Doch jetzt, mehr als fünfundsiebzig Jahre später, sind sie demselben Jungen ein enormer Trost. Und sie haben meine Großmutter durch fünfzig Jahre Witwenschaft hindurchgetragen.

Kurz bevor meine Großmutter starb, wurde ihr Herz immer schwächer. Sie konnte nicht mehr sprechen. Und doch gelang es ihr, mit letzter Kraft noch ein Wort hervorzubringen, das Tante Mabel hören konnte: «Pscht!» All die Jahre hatten die Worte ihres sterbenden Mannes sie begleitet, und sie waren auf ihren Lippen, als sie sich anschickte, zu ihm zu gehen.

Aber wieso? Wieso haben diese Worte solche Kraft? Wieso haben sie dieser Familie so viel bedeutet? Glaubten sie wirklich, es sei gut, daß mein Großvater gerade dann starb und daß sein Tod etwas Gutes bewirkte, das anders nicht möglich gewesen wäre? Hätte er seiner Familie nicht mehr geben können, wenn er am Leben geblieben, wenn sein Glaube in Jahren der Freude und Anfechtung gereift, wenn er zu einem Glauben geworden wäre, von dem auch andere etwas hätten haben können? Oder ist es verkehrt, so zu fragen? Vielleicht erfüllten seine letzten Worte denselben Zweck wie Blumen an einer Beerdigung; vielleicht versuchten sie etwas Häßliches unter einer schönen äußeren Hülle zu verstecken.

Seit ich meinen Vater das erste Mal vom Tod seines Vaters erzählen hörte, habe ich versucht, in dieser Geschichte etwas Tröstliches zu finden. Aber wie so viele andere Geschichten, die den Glauben eigentlich festigen sollten, erreicht auch diese nicht immer jene Schichten meines Inneren, in denen der Kummer sitzt. Jemandem, der vor einer Gefahr Schutz sucht, zu sagen, daß die Gefahr mit Sicherheit kommen wird, aber daß das schon in Ordnung sei, weil Gott ja da ist, bringt nicht immer die gewünschte Ruhe.

Die größte Herausforderung für meinen Glauben in den neunundvierzig Jahren, die ich nun lebe, bestand in der lange bekämpften Erkenntnis, daß Gott mir nicht die Sicherheiten garantiert, nach denen es mich verlangt. Ich möchte gern *wissen*, daß meine Söhne im Glauben wachsen, sich glücklich verheiraten, verantwortungsbewußt leben, eine gute Arbeit finden und mir Enkel schenken werden, an denen ich mich freuen kann. Ich möchte gern *wissen*, daß meine Ehe Bestand haben und wir noch tiefere Gemeinschaft miteinander erleben, daß Gesundheit und Geld immer in ausreichendem Maße zur Verfügung stehen werden, damit Rachael und ich uns an allem erfreuen können, was nur mit Gesundheit und Geld möglich ist. Ich möchte gern *wissen*, daß meine Arbeit im Leben anderer Menschen gute, bleibende Spuren hinterläßt, daß sie die gebührende Achtung erfährt, daß meine Kritiker ihren Irrtum einsehen, daß die Gläubigen sich weiterhin zu meinen Kursen anmelden, meine Seminare besuchen und meine Bücher kaufen. Ich möchte mich nicht mit dem Wissen begnügen, daß Gott *in* der Tragödie da ist; ich möchte, daß er sie *verhindert*.

Während ich das schreibe, habe ich das Gefühl, als stünde ich bis zu den Knien im Dreck. Überheblicher Unglaube und Anspruchsdenken, das ist das Wesen meines kranken Herzens. Irgend etwas Dunkles in mir, etwas Böses und Zorniges möchte gern ein verläßliches Schema haben, dem ich nur zu folgen brauche, um all das Gute, das ich mir wünsche, auch zu erhalten. Ich denke, Gott schulde mir ein solches Schema. Wie kann ich ihn denn dazu überreden, mich vor dem zu beschützen, was ich so sehr fürchte, und mir zu geben, was ich will?

Eine dunkle Ahnung steigt in mir auf, der ich nicht entfliehen kann: Es gibt keine Garantie. Das Unglück kann jede Gestalt annehmen und auch in mein Leben treten. Wie kann ich stille sein, wenn ich nicht mehr weiß, als daß Gott auch im Unglück bei mir ist?

Doch was wäre die Alternative? Angenommen, Gott hätte versprochen, die Menschen, die ihm vertrauen, vor allem Unglück zu bewahren. Manche meinen, das habe er tatsächlich getan; und der Glaube, den sie fördern, hat das Rückgrat eines Regenwurms.

Lieber sehe ich mir eine alberne Seifenoper oder eine ärgerliche Talkshow an als die Fernsehprediger, die Gott so darstellen wie ein Einkaufscenter, in dem es alles zu kaufen gibt, was das Herz sich wünscht, und für die der Glaube wie eine Kreditkarte ohne Bezugsbeschränkung ist, die überall akzeptiert wird. Diese Botschaft ist eine Lüge. Sie malt uns den Segen vor Augen, versäumt es jedoch, uns zum Kampf zu rufen. Sie lehrt Erlösung aus dem Leid, nie jedoch das Ausharren in Schwierigkeiten. Sie appelliert an mein egoistisches Verlangen nach sofortigem Glück, so, wie ich es mir vorstelle und zu *meinen* Bedingungen. Sie mindert Christus zu einem Angestellten herab, der mir bereitwillig gibt, was ich mit meiner Kreditkarte zahle. Sie verherrlicht den Schmutz, den Gott verabscheut.

Wenn die Menschen, die uns diese Botschaft bringen, nicht die Heuchler sind, für die ich sie letztlich halte, dann war der Glaube meines Großvaters sehr unzulänglich, und der meiner Großmutter auch. Hätten sie richtig geglaubt, dann hätte er bis ins hohe Alter gelebt und all die guten Dinge des Lebens genießen können. Großmutter hätte keine finanziellen Sorgen gekannt, und ihre Kinder hätten den materiellen, persönlichen und geistlichen Erfolg genossen, den alle frommen Eltern ihren Kindern wünschen.

Wenn ich betrachte, was sich als Alternative zu dem Glauben, daß ein guter Gott in den Tragödien des Lebens da ist, anbietet, dann komme ich gern zum Glauben meines Großvaters zurück. Hier spüre ich festen Grund unter den Füßen. Ein dreißigjähriger Mann, der seine Familie mit einem Wort des Vertrauens stärkt, ist überzeugender als all die leeren Verheißungen der falschen Propheten unserer Tage. Inmitten allen Leids zur Ruhe zu kommen, weil Gott dabei ist, deckt sich besser mit allem, was ich von der Bibel und vom Leben weiß, als der Versuch, meine Angst vor dem Morgen damit zu überdecken, daß Gott mich mit allem ausstatten wird, was ich mir wünsche.

Vielleicht sind die Verheißungen, die Gott gegeben hat, tatsächlich weit größer als jene, die wir uns wünschten. Vielleicht dient wirklich alles zum Besten, auch wenn nur der Glaube an ein besseres Land das begreifen kann. Jetzt kann ich klarer erkennen, daß der Glaube meines Großvaters nicht naiv war. Er hat die Zeiten überdauert – in meinem Vater.

18/3/09 1231 Dundas St
Toronto

My dear Laura

Since I suggested & half promised to write to you, I here-with take pleasure in availing myself of this privilege. This letter has reference to our conversation of last Sunday night. When you asked me whether I loved you, you noticed I did not express myself very clearly. It was not because I had doubts in this direction, but because, – being such a new experience, I suppose I did not like to reply. If I am not in love with you Laura, I guess I never shall be. I am not emotional, but my offer to you of Sunday, was not made on the spur of the moment. My feelings & love to you, amply warranted our conversation of Sunday, & I am glad I spoke. As regards the next step, which will make so much difference to both of us, – the time depends on circumstances. You know all about my circumstances, & although I would not in any way wish to unduly postpone that day, we must of course be prepared first. I so often feel that I am not worthy of the affection of a Christian woman like yourself, yet I sincerely believe its God that has brought us together. Until the time that He sees fit to part us, I will try, Him helping me, to be all I should be to you. It gives me great joy writing this letter, as I know you understand me, & although you never definately answered my question, I believe the answer has already been shewn me. Until this impression is corrected I shall be happy, as the more I am in your company, the more I seem to want to be. Dear Laura, I have just risen from my knees, having made this letter a matter of prayer. As I believe we can both acknowledge Him in this matter, so I pray & trust that all our lives we may be enabled by His grace, to live to the glory of Him Who love us, & gave Himself for us. I shall of course be very happy to have an answer to this letter, although a verbal answer, if more convenient to you, will be equally acceptable. That you may be happy when you receive this, & that your answer to it may keep me happy is the earnest wish of

Yours very sincerely

Charlie ×××

KAPITEL

2

Das ist unser letzter Nickel, Lawrence. Verlier ihn nicht.

Vaters Mutter, Laura Crabb, 1916

Alle aber, die gläubig geworden waren, waren beieinander und hatten alle Dinge gemeinsam.
Apostelgeschichte 2,44

Die Erinnerungen meines Vaters …

Es war im September 1918. Papa war etwa ein Jahr tot. Wir wohnten noch immer in der Germantown-Avenue in Philadelphia. Die Küche sah so aus wie immer: der große Tisch mit den sechs Stühlen, an der Wand tickte die Uhr, die Papa gemacht hatte. Aber wenn sie sechs schlug, hatte das keine besondere Bedeutung mehr. Keine Schritte auf der Treppe kündeten Papas Heimkehr an.

Nichts hatte sich verändert. Und doch war alles anders.

Eines Tages war ich mit Mutter allein. «Lawrence», sagte sie, «wir brauchen einen Laib Brot. Würdest du bitte für mich zum Laden an der Ecke gehen?» Sie legte eine Münze in meine Hand und drückte meine Finger ganz fest darum. «Das ist unser letzter Nickel, Lawrence. Verlier ihn nicht.»

Wir waren wirklich schlecht bei Kasse; es war tatsächlich unser letztes Fünfcentstück. Aber was mich, als sie meine Finger um die Münze legte, am meisten berührte, war nicht, daß es unser *letztes*, sondern daß es *unser* letztes Geld war.

Unser letzter Nickel. Papa, das Haupt der Familie, lebte nicht mehr, aber wir waren noch immer eine Gemeinschaft. Das wenige, das wir hatten, wurde geteilt. Es war *unser*.

Im folgenden Jahr, ich war sieben, mein Bruder Cecil neun, fanden wir beide Aushilfsjobs in einem Gemüseladen. Das war noch lange vor den modernen Kinderschutzgesetzen. Am Ende jeden Tages wurden wir ausbezahlt, manchmal nur mit Obst und Gemüse; doch was es auch war, wir brachten es nach

Hause zu Mutter. Wenn wir im Laden nicht gebraucht wurden, verkauften wir Bürsten und Besen von Tür zu Tür. Mutter hatte einen Nachbarn kennengelernt, der sie herstellte und uns auf Kommissionsbasis den Verkauf überließ. Hin und wieder brachten wir es auf einen ganzen Dollar. Auch der ging an Mutter.

Eine weitere Einnahmequelle hatte Mutter entdeckt. Sie vermietete den dritten Stock unserer Wohnung – die beiden Zimmer, von einem Kerosinofen beheizt, die uns drei ältesten Kindern als Schlafzimmer gedient hatten – an eine Witwe mit zwei Töchtern im Teenageralter. Nun mußten wir Küche und Bad mit drei anderen Frauen teilen. Wie wir es schafften, mit diesen Einschränkungen fertig zu werden, mit genau festgelegten Zeiten für das Essen und für das Bad am Samstagabend, ist glücklicherweise vergessen.

Mutter war dankbar, wie immer. «Kinder, seht ihr, wie Gott uns gerade im rechten Moment diese zusätzlichen Einnahmen schenkt?» Immer war ihr bewußt, daß Gott für uns sorgt, und oft zitierte sie aus Psalm 68, Vers 6: «Ein Vater der Waisen und ein Helfer der Witwen ist Gott in seiner heiligen Wohnung.» Die Bibel aufgeschlagen vor sich, zeigte sie auf den Vers: «Da steht es geschrieben, Kinder. Gott hat es gesagt.»

Mutter brachte uns bei zu beten, nicht in der Gruppe, sondern einzeln. Was ich an jedem Abend, wenn ich vor meinem Bett kniete, betete, klang etwa so: «Himmlischer Vater, du hast Papa zu dir genommen, und in deinem heiligen Wort hast du versprochen, dich um meine Mutter, meinen Bruder, meine Schwestern und um mich zu kümmern. Wenn ich etwas sage oder irgend etwas tue, was dich betrübt, dann hilf mir, daß ich es dir schnell bekenne und so zu deiner Ehre froh und glücklich bleiben kann. Amen.»

Tante Lily, die Schwester meiner Mutter, trug viel zu unserem Hauswesen bei. Inzwischen weiß ich, auf wie vielerlei Weise sie uns geholfen hat, aber sie machte nie viel Aufhebens darum. Sie war eine englische Nanny. Und sie muß wohl ein sehr gutes Kindermädchen gewesen sein, denn sie hatte verantwortliche Stellen bei mehreren sehr wohlhabenden Familien.

Einmal besuchte ich Tante Lily mit meiner Schwester Helen in einem palastartigen Haus, wo sie zwei Kinder zu betreuen hatte, einen achtjährigen Jungen und seine sechs Jahre alte Schwester. So etwas hatten wir noch nie gesehen. Da gab es jede Menge Spiele, anderes Spielzeug, Sachen zum Anziehen. Der Junge hatte ein eigenes Pony und erklärte uns stolz, daß es sich nur von ihm reiten lasse. Seine Schwester versäumte es nicht, uns zu erzählen, daß auch sie an ihrem achten Geburtstag ein Pony bekommen würde. Wurden wir neidisch? Und wie! Welches Kind wäre das nicht geworden?

Als es Zeit wurde zu gehen, bat Tante Lily uns, noch ein paar Minuten zu warten, während sie ihre Kinder (sie nannte sie tatsächlich «ihre» Kinder) zu einem Besuch zu den Eltern brachte. Das war für meine Schwester Helen und mich etwas völlig Neues. Geschah das jeden Abend, oder gab es einen besonderen Anlaß? Was geschah bei einem solchen Besuch? Natürlich fragten wir Tante Lily damals nicht danach, aber sie muß wohl den erstaunten Ausdruck auf unseren Gesichtern bemerkt haben. Als sie ein paar Tage später bei uns zu Hause war, erklärte sie es uns.

«Seht ihr, Kinder, es geht nicht in jeder Familie so zu wie bei euch. Das Haus, in dem ihr wart, besteht eigentlich aus zwei Häusern. In dem einen wohnen der Daddy und die Mutter der Kinder. Sie haben ihre Kinder sehr gern und würden alles für sie tun. Aber die Eltern sind sehr wichtige, beschäftigte Leute und haben einfach nicht die Zeit, so oft, wie sie gern wollten, mit ihren Kindern zusammenzusein. Aber ich bringe die Kinder fast jeden Abend zu ihnen, und dann haben sie es sehr schön miteinander.»

Sehr schön miteinander! *Fast* jeden Abend?

Selbst für ein Kind konnte der Unterschied nicht größer sein. Für uns war die Zeit vor dem Schlafengehen die schönste Zeit. Mutter erzählte uns Geschichten oder las uns vor, oft von Charles Dickens, Papas Lieblingsautor. Wir besprachen noch einmal die wichtigsten Ereignisse des Tages, zeigten unsere blauen Flecken, debattierten. Und nie vergaß Mutter, mit Gott zu reden.

Ich denke noch immer an Tante Lily. Während wir heranwuchsen, nahm ihr Augenlicht immer mehr ab, so daß sie schließlich in ein Blindenheim in West-Philadelphia zog. Eines Abends vergaßen ein paar Arbeiter, die am Balkongeländer ihres Zimmers im dritten Stock etwas zu reparieren hatten, aus purer Fahrlässigkeit, eine Absperrung wieder anzubringen. Tante Lily, die ja nicht sah, wo sie hintrat, stürzte in den Tod. Die Bemerkung von einem der Rettungsleute geht mir noch immer durch den Kopf: «Solch ein kleines Ding, so leicht und zart.»

Eine Illustrierte, eines jener schmutzigen Blätter, wie sie auch heute noch am Kiosk zu haben sind, berichtete: «Arme alte Frau sprang in den Tod.» Was für ein Unsinn! Sie sprang nicht, sie fiel.

Doch schon damals dachte ich: «Die Rettungsleute haben nicht Tante Lily aufgehoben. Es war nur ihr Körper.» Sie war weit fort und konnte bereits einen ersten Blick auf jenen Einen werfen, der ihr so viel bedeutet hatte. Ich glaubte damals wirklich, daß sie es nun besser hatte. Die Abschiedsworte meines Vaters und der einfache Glaube meiner Mutter hatten in meinem Leben Frucht getragen – ich wußte, es gibt einen Himmel.

Es ist vier Uhr früh, während ich dies schreibe. Beim Aufwachen meinte ich die Worte «die helle Freude» zu hören, so deutlich, als hätte sie mir jemand ins Ohr gebrüllt.

Im Bett war es zu warm und zu bequem, um aufzustehen. Ich lag da und überlegte, wo diese Worte herkamen, «die helle Freude».

Plötzlich, im angenehmen Halbschlaf, war ich wieder zwölf. Es war Weihnachtsmorgen in der Baynton-Street 4966, dem Haus, in das wir 1924 gezogen waren und für das Tante Lily uns die Anzahlung geleistet hatte. Ich saß im Wohnzimmer, betrachtete den Weihnachtsbaum und hatte nur Augen für das eine Geschenk – den neuen Fußball. Er war nicht zu vergleichen mit den schnittigen Modellen, die es heute gibt – nur ein Bastelset mit einer äußeren Kunstlederhülle, einer Blase, Nadel, Faden und einer Luftpumpe. Das fertige Produkt war ziemlich platt und dellig, aber den gestopften Lumpenbällen, die Mutter bis jetzt jedes Jahr zusammengestückelt hatte, auf jeden Fall weit überlegen. Nein, dieser Fußball, das war's.

Ich dachte nicht an Mutter, die im Morgengrauen aufgestanden war, um den Baum zu schmücken, den mein Bruder und ich um Mitternacht umsonst hatten holen können, Nutznießer der städtischen Vorschrift, daß die Verkäufer bis um zwölf Uhr alle Bäume von den Straßen geräumt haben mußten. Sie hatte die Geschenke unter den Baum gelegt, was bedeutete, daß sie auf manches verzichtet hatte, was sie selbst sich wünschte.

«Die helle Freude», ein Geschenk für mich, ein Geschenk, auf das ich manchen Tag leise hingedeutet hatte. Damals dachte ich nur an mich. Doch heute, mehr als ein halbes Jahrhundert später, denke ich mehr an Mutter, die neben uns stand und strahlte. «Die helle Freude», mitanzusehen, wie glücklich ihre Kinder am Weihnachtsmorgen waren.

«Die helle Freude», die Freude unseres Herrn, der auf den Tag wartet, an dem wir ihn von Angesicht zu Angesicht schauen werden. Bis dahin werden wir noch oft den «letzten Nickel» in der Hand halten, dann aber werden wir den «neuen Fußball» sehen, den Anfang dessen, was er angekündigt hat: «Siehe, ich mache alles neu» (Offb. 21,5). Wir reden so gern von *unserer* herrlichen Zukunft. Gott weiß, daß wir ein Recht darauf haben. Aber vielleicht wäre es dennoch angebrachter, mehr an Gottes Freude zu denken, wie sie in Sprüche 8,31 zum Ausdruck kommt: «Ich hatte meine Lust an den Menschenkindern.»

… und die Gedanken eines Sohnes …

Dreierlei fällt mir beim Durchlesen dieses Abschnitts auf. Das erste ist, daß ich nie Besen und Bürsten von Tür zu Tür verkaufen mußte. Ich habe die dumpfe Ahnung, daß mir dadurch etwas entgangen ist. Schwere Zeiten fördern in uns etwas Gutes, Starkes, Edles zutage, Eigenschaften, die sich anders oft nicht entwickeln lassen.

Das zweite sind die Worte «wir fünf». Sie klingen so zuversichtlich. Nichts schweißt uns so fest zusammen wie geteiltes Leid. Nichts zeugt jedoch auch beredsamer von den furchtbaren Folgen des Sündenfalls als die Tatsache, daß es das Leid oft braucht, um uns in eine tiefere Abhängigkeit und größere Einheit mit Christus zu treiben. Natürlich ist es oft auch gerade andersherum. Sorgen spalten uns, statt uns zu einen, wenn wir murren und uns fürchten, statt uns unserer Abhängigkeit bewußt zu werden.

Ich hasse Probleme. Sorgen funktionieren manchmal wie dicke Wolken, die sich vor die Sonne schieben. Gerade heute morgen, als wir zum Gottesdienst fuhren, erzählte mir Rachael von einem unserer Söhne. Es war eigentlich nur eine beiläufige Bemerkung, aber sie ließ darauf schließen, daß etwas nicht in Ordnung sei, und brachte mich völlig aus der Fassung. Eine düstere Stimmung legte sich über mich. Ich konnte weder mitsingen noch mich auf die Predigt konzentrieren. Ich brauchte alle meine geistlichen Kräfte, um mit den Gefühlen fertig zu werden, welche die schlechte Nachricht in mir hervorgerufen hatte, und mit dem Stolz, der meiner Stimmung letztlich zugrunde lag: «Ich sollte mich von schlechten Nachrichten über Menschen, die ich gern habe, nicht so aus der Ruhe bringen lassen. Meine Kinder sollten immer eine Quelle der Freude für mich sein. Schließlich habe ich alles gegeben, um ihnen ein guter Vater zu sein.»

Doch all meine Bemühungen, die Situation doch wieder im richtigen Licht sehen zu können, hätten nichts bewirkt, wenn Gott nicht in der Bibelstudiengruppe nach dem Gottesdienst an mir gearbeitet hätte. Ganz gegen seine Gewohnheit forderte der Leiter uns am Ende der Stunde auf, in Zweiergruppen füreinander zu beten. Der Mann zu meiner Linken, dem ich vorher noch nie begegnet war, nannte ein persönliches Problem, das dem meinen sehr ähnlich war. Während ich für ihn betete, spürte ich, wie neue Hoffnung mich erfüllte. Die Wolkendecke brach, und ich spürte Gottes wärmendes Licht.

Geteiltes Leid führt uns näher zu Christus. Was für ein Tag wird das sein, wenn wir keine Probleme mehr brauchen, um Vertrauen zu lernen.

Das dritte, was mich bewegte, war Vaters Gebet:

«Himmlischer Vater, du hast Papa zu dir genommen, und in deinem heiligen Wort hast du versprochen, dich um meine Mutter, meinen Bruder, meine Schwestern und um mich zu kümmern. Wenn ich etwas sage oder irgend etwas tue, was dich betrübt, dann hilf mir, daß ich es dir schnell bekenne und so zu deiner Ehre froh und glücklich bleiben kann. Amen.»

Hat er als Kind wirklich so gebetet? Auch heute noch benutzt er eine sehr formale, gesetzte Sprache, wenn er betet. Die Haltung eines knienden Kindes scheint ihm angemessen, um vor Gottes Majestät zu treten, eine Majestät, der wir uns durchaus vertrauensvoll und mit unseren persönlichen Anliegen nähern, die wir aber nie auf unsere Ebene herabziehen dürfen.

Falls ich die Gelegenheit und die Kraft haben sollte, bei der Beerdigung meines Vaters ein paar Worte zu sagen, dann möchte ich meine Dankbarkeit darüber zum Ausdruck bringen, daß er mir die Bedeutung des Wortes «transzendent» beigebracht hat: Auch über meinem Leben steht eine viel größere Geschichte. Wir leben in einer sehr realen Welt, in der manche Kinder Besen verkaufen und andere Nintendo spielen; manche Familien rücken im Leid näher zusammen, andere trennen sich; manche Kinder sprechen den Namen des Herrn voller Ehrfurcht aus, wenn sie beten, andere benutzen ihn, wenn sie wütend oder überrascht sind. Doch diese sehr reale Welt ist doch nichts anderes als ein Schattenland (um C.S. Lewis' denkwürdigen Ausdruck zu benutzen), ein bloßer Hauch, verglichen mit jenem ewigen Land, in dem meine Großmutter und mein Bruder jetzt leben.

Ich erinnere mich daran, wie ich mit vier Jahren meinem Vater beim Beten zusah. Es war Sonntag morgen, und etwa fünfzig Personen hatten sich in einem Kreis versammelt, um das Abendmahl zu feiern. Brot und Wein, mit einem weißen Tuch bedeckt, standen auf dem Tisch in der Mitte. Die Anordnung hatte einen tieferen Sinn: Christus sollte im Mittelpunkt all unseres Denkens stehen.

Dad erhob sich, um zu beten. Ich lag auf dem Boden und sah zu ihm auf. Noch heute steht das Bild deutlich vor mir. Ich dachte: *Er meint wirklich, er würde mit jemandem reden. Und dieser Jemand scheint ihm mehr zu bedeuten als irgend jemand sonst.*

Das größte Geschenk, das mir meine Eltern gemacht haben, ist die Erkenntnis, daß ich weder damals noch heute das Wichtigste in ihrem Leben bin. Noch war es mein Bruder, und auch sie selbst waren einander nie das Wichtigste (obwohl beide in der Reihenfolge gleich an zweiter Stelle kommen). Die Liebe zur Familie ist nur da wirklich gesund, wo sie weniger verzehrend ist als die Liebe zu Gott. Nur wenn wir Gott mehr lieben als unsere Familie, können wir unsere Ehepartner, unsere Söhne und Töchter freigeben, damit auch sie sich dem Einen zuwenden können, der größer ist als sie selbst.

Es geht nicht um uns; um keinen einzelnen. Es geht um Gott. Es gibt eine Geschichte, die größer ist als die unsere und die alle anderen transzendiert. Und solange wir unsere Geschichte nicht als einen Nebenschauplatz in Gottes ewiger Geschichte erkennen, werden wir ihre wahre Bedeutung nie erfassen. Das habe ich von meinem Vater gelernt.

KAPITEL

3

Die nichts haben, und doch alles haben

Dad, Cecil und Helen im Hof von Germantown-Avenue 4938 in Philadelphia, etwa im Jahre 1917

Ich erinnere mich an den ungefärbten Glauben, der zuvor schon gelebt hat ... in deiner Mutter.
2. Timotheus 1,5

Die Erinnerungen meines Vaters ...

Als ich etwa acht war, zogen wir in ein dreistöckiges Einfamilienhaus in der Haines-Street, ein gewaltiger Fortschritt gegenüber unserer Etagenwohnung in der Germantown-Avenue. Jetzt lebten wir in einer richtigen Wohngegend, wir waren von Einfamilienhäusern umgeben – mit einer Ausnahme. Ein hoher Holzzaun und ein kleiner Hof an der linken Seite unseres Hauses trennten uns von der Harmer-Grammar-School.

Jeden Morgen führte unser Schulweg meinen Bruder und mich über den Holzzaun. Helen schaffte es nie, ihre Röcke so zusammenzuraffen, daß sie uns folgen konnte. Außerdem hatte Mutter gesagt, für ein Mädchen in ihrem Alter schicke es sich nicht, über Zäune zu klettern. Also lief sie um den Block herum, fast fünf Minuten, während Mabel, unsere Jüngste, die gewagten Kletterpartien ihrer beiden größeren Brüder verfolgte.

Wir hatten keinen Vorgarten, nur drei Steinstufen zum Bürgersteig; doch wir hatten einen riesigen Hinterhof, schmal und vielleicht fünfzehn Meter lang. Für die damaligen Verhältnisse, wir schrieben das Jahr 1920, war unser Haus modern, mit elektrischem Licht in jedem Zimmer, einem voll eingerichteten Badezimmer und einer modernen Küche. Ein Kohleofen im Keller sorgte für eine zentrale Beheizung.

Tante Lily half uns mit der Miete, und Mutter fand eine Untermieterin, Mrs. Bell, für das vordere Zimmer im zweiten

Stock – das *beste* Zimmer. Mrs. Bell bat nicht um dieses Zimmer, sie forderte es. Oft brachte Mutter ihr die Mahlzeiten, während sie bequem im Bett lag. «Ich habe eine sehr angegriffene Gesundheit und brauche meine Ruhe.» Ständig beschwerte sie sich über «diese lauten Kinder» und hielt uns manchmal Vorträge, weil wir nicht genug in der Bibel lasen und beteten.

Eines Tages brachte sie mich dazu, mich «zu bekehren». «Lawrence, mein Lieber, *du* bist so ein guter Junge, wirklich, das bist *du*. Aber weißt *du*, Lawrence, die Bibel sagt, *du* mußt über jedes unnütze Wort Rechenschaft ablegen, das aus *deinem* Munde geht.» Sie hatte eine Art, jedes *du* zu betonen, daß es wie eine Anklage klang. «Lawrence, *du* bist ein Sünder. *Du* mußt deine Schuld bekennen und um Vergebung bitten. Jetzt!»

Sie redete noch eine Zeitlang auf mich ein, aber ich war ihr um einiges voraus. Schließlich war mir die Bibel von klein auf vertraut, und ich wußte alle richtigen Antworten. Endlich gab sie sich zufrieden. «Halleluja! Lawrence, ruf deine Mutter. Der verlorene Sohn ist heimgekehrt.»

Um meinen Eingang in das ewige Leben gebührend zu feiern, bestand sie darauf, daß *Mutter* Eiskrem und Kuchen kaufte. Was war das für ein Fest – obwohl ich glaube, daß über diesen Sünder, der Buße tat, im Himmel nur wenig Freude herrschte, jedenfalls nicht die Freude, von der Jesus in Lukas 15, Vers 10 sprach. Und ich selbst freute mich mehr über Eis und Kuchen als über meine Buße.

Schon nach wenigen Stunden war mir klar, daß mein Bekenntnis mehr Schau als Wirklichkeit war. Sicher ist auch ein Kind in der Lage, Jesus als seinen Heiland zu erkennen, aber ich habe aus Erfahrung gelernt, wie leicht es ist, einem Kind bestimmte Worte in den Mund zu legen.

Hat der Betrug, der mit dieser Lustbarkeit gefeiert wurde, mein Kommen zu Christus in irgendeiner Weise beeinflußt? Ich habe es nie herausgefunden. Wenn ich gebeten werde, einen bestimmten Augenblick, ein bestimmtes Datum zu nennen, an dem ich vom Tode ins Leben überging, so muß ich bekennen, daß ich das nicht kann. Viele Menschen können es, und ich freue mich, wenn sie von ihren Bekehrungserlebnissen reden.

Doch wie wunderbar unberechenbar ist Gott dabei, die Verlorenen zu suchen und zu retten! Denken wir nur an seine dramatische Begegnung mit Paulus auf der Straße nach Damaskus oder an den aufgeregten Schrei des Kerkermeisters von Philippi: «Was muß ich tun, daß ich gerettet werde?» Hier können wir einen Blick in Gottes Herz werfen.

Wenn jemand unbedingt ein genaues Datum meiner Bekehrung wissen möchte, dann kann ich nur sagen: «Wahrscheinlich als ich zwölf war.» Damals begegnete ich zum ersten Mal Harold Harper, einem ruhigen, aber leidenschaftlichen Evangelisten, der mir Gott zeigte. Dieser warmherzige Mann wurde für mich zu einem geistlichen Vater. Er strahlte etwas aus von der Liebe Gottes und der Sehnsucht unseres Heilandes nach den Verlorenen.

Er bereiste den Osten der Vereinigten Staaten und hielt Versammlungen in Evangeliumshallen oder riesigen Zelten mit Sägespänen auf dem Boden und Klappstühlen. Nachdem er sich mir vorgestellt und nach meinem Namen gefragt hatte, lauteten seine nächsten Worte: «Larry, kennst du den Heiland auch als *deinen* Heiland?»

«Natürlich, Mr. Harper, schon immer. Ich bete, ich lese die Bibel, all solche Sachen. Mein Papa ist im Himmel. Er war gläubig. Und meine Mutter, sie steht da drüben, sie ist auch gläubig.» Wie üblich wußte ich alle richtigen Antworten.

Mr. Harper lächelte. «Larry, ich habe dir so viel zu erzählen von dem Einen, der dich liebt und für dich starb, der gern möchte, daß du ihn so kennenlernst und so gern hast, wie er dich kennt und gern hat.» Er drängte mich nicht. Er rief nicht «Halleluja». Ich weiß nicht mehr viel von dem Gespräch mit Mr. Harper, außer daß er mich ernst nahm. Er notierte sich meine Adresse und schrieb mir mehr von diesem Mann Jesus, der ihm so viel bedeutete.

Ich kann nicht genau sagen, wann ich den Schritt vom Tod zum Leben machte, aber ich weiß, daß ich mich Jesus bewußt zuwandte, weil Harold Harper mir in jenen Tagen des Heranwachsens ermutigend zur Seite stand.

Und auf jeden Fall bleibt die Mahnung: «Ich vergesse, was dahinten ist, und strecke mich aus nach dem, was da vorne ist, und jage nach dem vorgesteckten Ziel, dem Siegespreis der himmlischen Berufung Gottes in Christus Jesus» (Phil. 3, 13-14).

Wenn ich an Mutter denke, dann denke ich mehr an das Nachjagen als an das Aufsagen von Glaubensbekenntnissen. Ob es uns gutging oder schlecht, sie hielt an dem Glauben fest, daß Gott da ist.

Es war in jener Zeit, als wir in der Haines-Street wohnten, daß Gott, wie Mutter es nannte, «in Aktion trat». Meine kleine Schwester wurde ins Ellis-College aufgenommen, eine erstklassige Mädchenschule am Newton-Square, einem Vorort Philadelphias. Nur wenige Monate später wurde mein Bruder Cecil in der renommierten Stony-Brook-Jungenschule auf Long Island angenommen. Zwei unverheiratete Frauen hatten sämtliche Kosten für diese Schulen übernommen, im Gedenken an einen Neffen, der bei einem Unfall ums Leben gekommen war.

Beide Schulen boten einen Lebensstandard, der alles, was wir kannten, bei weitem übertraf. In einem seiner ersten Briefe schrieb Cecil: «Heute abend haben wir Bananen mit einer Gabel gegessen.» Ich probierte das gleich aus und fand es ziemlich blöd. Doch es bereitete mir eine recht überhebliche Freude, meinen Freunden von der vornehmen Schule zu erzählen, die mein Bruder auf Long Island besuchte. Schon die Worte «Long Island» hatten so etwas, daß man sie gern wiederholte. Wie ermüdend muß es für unsere Nachbarn wohl gewesen sein, ständig daran erinnert zu werden, daß die Crabbs eine Tochter im Ellis-College und einen Sohn in Stony Brook hatten.

Sowohl Mabel als auch Cecil kamen in den Sommerferien nach Hause. Aber daß neun Monate im Jahr für sie gesorgt wurde, nahm eine große finanzielle Last von meiner Mutter. Helen und ich waren natürlich eifersüchtig, doch inzwischen weiß ich, daß wir einander dadurch in einer Art nahekamen, wie es anders wohl nicht möglich gewesen wäre.

Unsere Zeit in der Haines-Street näherte sich dem Ende, als

Tante Lily die Anzahlung für ein kleines Reihenhaus in der Baynton-Street, immer noch in Germantown, leistete. Es war nichts Besonderes, ein zweistöckiges Haus mit zwei Zimmern auf jeder Etage und einer abgetrennten Küche, aber es hatte einen Kohleofen zum Kochen und Heizen und fließend kaltes und warmes Wasser. Die Toilette war draußen, aber es war unser Zuhause. Es gehörte uns, und Mutter wohnte gern dort.

Das war das Haus, in dem wir aufwuchsen. Meine Schwester Helen und ich besuchten die nahe Mittelschule, ein dreistöckiges Gebäude mit drei Klassen auf jeder Etage. Hier regierte der furchterregende Dr. Parker. Wir liebten ihn nicht, haßten ihn aber auch nicht; wir hatten Respekt vor ihm. Wenn die Glocke zum Unterrichtsbeginn läutete, spürten jene, die trödelten, oft den schmerzlichen Schlag seiner Rute. Es wurde nie jemand verletzt, aber mit den heutigen nachsichtigen Erziehern hätte Dr. Parker wohl kaum Geduld.

In jenen Tagen saßen Jungen und Mädchen zwar gemeinsam in einem Klassenzimmer, in den Pausen wurden sie jedoch durch einen Zaun getrennt. Mein bester Freund Clancy und ich spielten unter den bewundernden Augen (so meinten wir jedenfalls naiverweise) zweier Mädchen, die wir als würdig auserkoren hatten, an diesem Zaun mit dem Ball. Wie geschickt gelang es uns doch, mit einer Hand den Ball zu fangen, wie kräftig schleuderten wir ihn durch die Luft wie ein Geschoß, alles, ohne unsere Zuschauer angeblich auch nur eines Blickes zu würdigen. Wir führten uns auf wie ein paar balzende Hähne in vollem Federschmuck. Außer der Gewißheit, daß eines der Mädchen Hazel hieß, ist mir heute nur noch in Erinnerung geblieben, daß sie wirklich sehr hübsch waren.

Jene sorglosen Kindertage, waren sie wirklich so gut? Im rosaroten Licht der verrinnenden Zeit verblaßt die Erinnerung an die tatsächlich vorhandenen Sorgen und Nöte. Wenn ich an jene Tage zurückdenke, dann muß ich zugeben, daß ich mich damals sehr danach sehnte, zu einer der Cliquen dazuzugehören: zu den erfolgreichen Athleten; zu den Jungen, die bei den Mädchen ankamen; zu den Starken; zu jenen, die immer genug Geld in der Tasche hatten; oder zu den Typen, die mit den «richtigen» Leuten befreundet waren.

Einer dieser «Richtigen» war Johnny Rennick, einsfünfzig groß, kräftig gebaut, das glänzende, schwarze Haar glatt nach hinten gebürstet. Wir nannten ihn «Teddybär», allerdings nie, wenn er in der Nähe war. Mit Johnny war nicht gut Kirschen essen! Er konnte jeden in der Nachbarschaft verprügeln. Sein finsterer Blick schüchterte die Jungen ebenso ein, wie er die Mädchen anzog.

Johnny befand sich genau im Zentrum der Cliquen.

Doch eines Tages gelang es mir, Johnny in die Knie zu zwingen. Natürlich muß ich ein bißchen damit prahlen, aber es stimmt tatsächlich. Gestatten Sie!

Clancy und ich waren dienstlich unterwegs. Wir verteilten am Nachmittag gemeinsam das *Philadelphia-Evening-Bulletin* in vierhundert Haushalte, wofür man uns einen kleinen Transportkarren zur Verfügung gestellt hatte. Wir waren auf dem Heimweg, als Johnny auf uns zustolziert kam und sich in den Karren setzte. «Bringt mich in die Logan-Street. Aber schnell. Ich hab's eilig», bellte er. Ein paar bittere Augenblicke lang taten wir, was von uns verlangt wurde. Ich war Johnnys Pferd und zog den Wagen, und Clancy trottete folgsam neben mir her.

Dann flüsterte ich ihm zu: «Johnny kann ja vielleicht dich verdreschen, oder er kann mich verdreschen, aber uns beide?»

Clancy sah mich überrascht und erfreut an. «Genau! Sag ihm, er soll sich verziehen.»

Ich hätte gern zu Clancy gesagt: «Wie wär's denn, wenn du es ihm sagst?», aber das hätte nicht stark gewirkt, also blieb ich stehen, obwohl mir das Herz in den Kniekehlen hing.

«Johnny! Clancy und ich haben keine Lust mehr, dich zu ziehen. Was hältst du davon?» War das wirklich ich, der so mit Johnny Rennick redete? Mit hochgezogenen Schultern und geballten Fäusten stand ich da. Wann würde Johnny auf mich losgehen?

Nichts geschah.

Johnny stand langsam auf und gab dem Karren einen wütenden Tritt. «Clevere Kerlchen, was? Euch krieg' ich noch. Ich lauf' sowieso viel lieber. Behaltet ruhig euren alten Wagen.» Das Prahlen konnte er zwar noch nicht lassen, aber Johnny war erledigt.

Clancy und ich standen mit offenem Mund da und konnten kaum glauben, was wir sahen. «Nichts dahinter», krähte Clancy. «Ich hab' dir ja gesagt, *wir* müßten es nur einmal versuchen.»

Sind alle Johnnys so feige? Ich hätte, glaube ich, nicht den Mut, weitere Nachforschungen anzustellen.

Das war das Leben in der Baynton-Street – Mrs. Bell, Harold Harper, Johnny Rennick und die Cliquen. Doch irgendwie stand über allem Mutters unerschütterlicher Glaube, daß, auch wenn ihr Mann tot war, Gott in allem dabei war.

Viel zu früh und aus unserer Sicht tragisch, stand der Tod meines Vaters doch unter Gottes unergründlichem Ratschluß. Um seinen oftmals unerklärlichen und uneinsehbaren Willen gut nennen zu können, braucht es einen Glauben, der von seinen *Taten* weg auf seine *Wege* blickt, in sein Wesen, das er uns so gern offenbaren möchte.

Wenn ich so zurückblicke, dann weiß ich, daß Mutter den tiefen Sinn der letzten Worte ihres sterbenden Mannes begriffen hatte. Aus den unmöglichsten Umständen konnte sie Trost schöpfen. Wie Jakob, der mit Gott rang und gewann. Und wie Jakob schrie sie: «Ich lasse dich nicht, du segnest mich denn» (1. Mose 32,27).

«Gott ist da», das war für sie mehr als eine leere Redensart. Mutter ist nie einer dramatischen Pseudogeistlichkeit erlegen. Ihr Glaube war keine leichte, oberflächliche Brise, sondern das fröhliche Vertrauen eines Menschen, der Gott kennengelernt hat. Wir Kinder haben kaum etwas davon mitbekommen, wie schwer es ihr oft wurde, für uns zu sorgen – für Kleider, Schulsachen und Nahrung. Nie kannten wir etwas anderes, als daß gut für uns gesorgt wurde.

Wir liebten sie, aber wir liebten sie so, wie wir oft auch Gott lieben: Gleichgültig gegenüber seinem Verlangen nach inniger Gemeinschaft, kommen wir nur, wenn wir etwas brauchen. Bei Mutter hieß es: «Nähst du mir bitte diesen Knopf an?» Oder: «Kannst du den Riß in meiner Jacke stopfen?» Oder: «Wo sind meine Turnschuhe?» Ob sie sich nicht auch manchmal danach sehnte, in die Arme genommen zu werden und zu hören: «Mom, du bist wirklich klasse!»? Bestimmt.

Obwohl Mutter nun schon viele Jahre tot ist, so lebt sie jetzt doch in einer Freude, die für uns unvorstellbar ist, und kann sich an Dingen erfreuen, die sie hier auf Erden nie gekannt hat. Der Glaube und die Freude, die sie während ihres Lebens prägten, strafen alles Reden von einem Wohlstandsevangelium, das heute so populär ist, Lügen. Wer hätte ein sorgenfreies Leben, wie es die Selbstbedienungspropheten eines vom Materialismus geprägten Glaubens hier und heute so vollmundig verkünden, besser verdient als Mutter? Gott allein weiß, warum manche Menschen mit den Dingen des Lebens so gesegnet erscheinen, während anderen alles fehlt. Wohlstand mit Frömmigkeit gleichzusetzen, ist eine gemeine Lüge.

Wer kann auf Jesus sehen, den Mann der Schmerzen, der das Leid zutiefst kannte, und nicht über jene entsetzt sein, die sagen, daß es den Frommen immer gutgehen muß? Was heißt es, daß er «kein Gutes mangeln lassen wird den Frommen» (Ps. 84,12)? Könnte es sein, daß unsere Definition von «gut» verkehrt ist? Mutter kannte mehr als mancher andere den «Frieden Gottes, der höher ist als alle Vernunft» (Phil. 4,7). Das ist wahrer Reichtum, und nun erfreut sie sich an unbegrenztem Segen, den auch ich bald kennenlernen werde.

Mutter lebte vor, was in 2. Korinther 6,10 steht: «Als die Armen, aber die doch viele reich machen; als die nichts haben, und doch alles haben.» Vielleicht verstehe auch ich jetzt besser, daß Gott wirklich ein Helfer der Witwen ist.

Papa hatte recht. Gott war da.

... und die Gedanken eines Sohnes ...

Wenn ich Dads Bericht über das Leben in der Baynton-Street lese, dann denke ich an eine unschuldige Freude, die weder er noch ich seit jenen Kindertagen mehr erlebt haben, eine

Freude, die den morgigen Tag nur noch schöner scheinen ließ.

Eine meiner deutlichsten Erinnerungen ist an ein Weihnachtsfest vor zweiundvierzig Jahren. Ich war sieben. Meine selbstgestellte Aufgabe bestand darin, die Familie mit dem Lärm einer mißtönend, dafür aber um so heftiger geblasenen Posaune zu wecken. Es war Zeit, das Feuer im Kamin anzuzünden, Bing Crosbys «White Christmas» auf den Plattenteller zu legen und Mutters Windbeutel auf den Frühstückstisch zu stellen. Unter dem Baum stapelten sich die Geschenke und warteten darauf, geöffnet zu werden.

Mein Bruder Bill reagierte nicht allzu begeistert auf den Trompetenstoß an seinem Ohr. Mutter und Dad nahmen ihn etwas freundlicher auf. Dad zündete das Feuer an, Mutter schaltete den Backofen ein, und ich legte vorsichtig Bing Crosby auf den Plattenteller. Alles war so, wie es sein sollte: das wiederentdeckte Paradies. Selbst Bills mürrische Miene verzog sich.

Wir hätten für ein Familienbild posieren können. Das Leben war schön. Das Unglück hatte keinen Platz. Die Erinnerung an damals lebt in meinem Gedächtnis als ein Symbol unschuldiger Freude, eines Glücks, wie ich es seitdem nicht mehr erlebt habe.

In einem meiner Bücher habe ich angemerkt, daß mit allem, was uns begegnet, irgend etwas nicht in Ordnung ist. Diese Beobachtung, der eigentlich nur jemand widersprechen kann, der sich etwas vormacht, hat mir in manchen Kreisen den wenig schmeichelhaften Titel eines «Unheilspropheten» eingetragen. Doch der Titel ist nicht korrekt.

Am *Anfang* des Evangeliums steht eine schlechte Nachricht, eine schlechte Nachricht über mich und dich und das ganze Leben. Es ist tatsächlich etwas nicht in Ordnung. Eine Londoner Zeitung machte einmal eine Umfrage unter bekannten Persönlichkeiten und bat um Beantwortung folgender Frage: «Was stimmt nicht mit der Welt?» G. K. Chesterton schrieb zurück: «Sehr geehrte Herren! Ich. Mit freundlichen Grüßen, G. K. Chesterton.» Der *Kern* des Evangeliums allerdings ist eine gute Botschaft: Christus starb, damit mir vergeben wird und ich in Ordnung komme. Und das *Ende* ist unumschränkte Freude, für Gott und für mich.

Doch das Ende werden wir erst im nächsten Leben gänzlich erfahren können. Bis dahin muß die unschuldige Freude einer frohen Kindheit einer umfassenden Traurigkeit Platz machen, in der echte, gereifte Freude wachsen kann.

Mein Vater ist eine eigenartige Mischung aus Traurigkeit und Freude. Er leidet, er verliert den Mut, er kämpft mit Fragen, die ältere Menschen oft beunruhigen: «Habe ich in meinem Leben etwas Bleibendes bewirken können? Habe ich versagt?» Er erkennt seine Begrenzungen. Er weiß, daß der Anfang des Evangeliums eine schlechte Nachricht ist, die sich bis zum Grabe fortsetzt.

Doch er freut sich auch am Kern des Evangeliums. Jede Woche feiert er das Abendmahl, damit das Kreuz Christi im Zentrum seiner Gedanken bleibt. Und oft sagt er: «Es ist ein Fehler, wenn alte Menschen zuviel Zeit damit verbringen, auf die gute alte Zeit zurückzuschauen. Für mich liegt das Beste noch vor mir.» Er weiß etwas vom ewigen Ausgang der Geschichte, jenem Ausgang, an dem sich seine Mutter nun schon seit einiger Zeit freuen kann.

Allzu leicht bringe ich jedoch Anfang, Mitte und Ende des Evangeliums durcheinander. Manchmal meine ich, am Anfang stünde Gottes Versprechen eines erfüllten Lebens, das ewig währen wird. Im Kern sehe ich fälschlich die Verheißung Christi, sein Tod am Kreuz bedeute für mich, daß ich hier und heute ein glückliches Leben führen kann. Und am Ende sehe ich ewige Erfüllung für mich, während Gott strahlend danebensteht. Über Jahre hinweg habe ich versucht mir einzureden, *mein* Leben könnte nie von großem Unglück heimgesucht werden, *mein* Herz würde Frieden und Ruhe finden in dem, was wir Christen so gern die Segnungen des Lebens nennen. Und ich hatte genug Gründe, all das zu glauben.

Im Alter von zehn Jahren lernte ich ein hübsches Mädchen kennen, mit zwölf hatte ich das erste Rendezvous mit ihr, verliebte mich im Teenageralter und heiratete sie mit einundzwanzig. Da standen wir, Freunde von Kindertagen an, aus gläubigen Familien und mit demselben geistlichen Hintergrund. Wir hatten zwei gesunde, hübsche, begabte Söhne. Mit fünfundzwanzig hatte ich meinen Doktortitel, und eine verheißungsvolle Karriere lag vor mir. Was wollten wir mehr?

Ich entsinne mich noch, wie ich zu meiner Frau sagte: «Wenn wir nicht allzuviel verkehrt machen, dann sollten die Karten für uns ganz gut stehen.» Doch diese naive Hoffnung wurde schon bald zunichte gemacht. Wir leben nicht mehr im Paradies, und daran werden wir ständig erinnert. Manchmal trifft uns das wie ein Schlag ins Gesicht.

Kaum sechs Monate nach unserer Hochzeit kamen Rachaels älterer Bruder Phil und seine Frau Lois bei einem Flugzeugabsturz ums Leben und ließen ihre vier Kinder als Waisen zurück. Ich erinnere mich noch daran, wie John, Phils bester Freund und der Mann von einer von Rachaels älteren Schwestern, ein großer, gutaussehender, studierter Mann, der gern lachte, am Grab stand und die Tränen angesichts dieses großen Leids nicht zurückhalten konnte. Sein Anblick bei der Beerdigung ist einer der eindrücklichsten Momente, die mir aus dieser dunklen Zeit im Gedächtnis geblieben sind.

Ich habe bereits erwähnt, daß etwas vom Schwersten, was ich bis jetzt in meinem Leben erfahren mußte, das Eingeständnis ist, daß es in diesem Leben keine Sicherheiten gibt, einmal abgesehen von der Zusage Gottes, bei mir zu sein. Gottes Hauptanliegen ist es nicht, mich gesund zu erhalten, finanziell abgesichert und zufrieden mit der Behandlung, welche die Mitglieder meiner Familie mir zuteil werden lassen. Dennoch spüre ich in mir den vertrauten Wunsch nach einem Schema, dem ich nur zu folgen brauche, um zu bekommen, was ich mir wünsche. Wie kann ich Gott dazu verpflichten, mich vor dem, was ich am meisten fürchte, zu schützen, und mir zu geben, was ich mir am sehnlichsten wünsche?

Doch es gibt kein Schema. Meine Großmutter konnte nichts dafür, daß ihr Mann so früh starb. Wir können das Leben nicht untersuchen und sagen: «Aha. Da liegt der Fehler. Wenn ich dafür sorge, daß ich ihn nicht wieder begehe, dann wird mein Ehepartner lange leben.» Wir können uns nicht ansehen, wie fromme Eltern aufgezogen wurden, und daraus einen Erziehungsstil entwickeln, der auch uns fromme Kinder garantiert. Wenn ein verzweifelter Vater uns berichtet, sein halbwüchsiger Sohn sei im Gefängnis gelandet, dann hilft es nichts, wenn wir uns fragen: «Was haben diese Eltern falsch gemacht? Wir werden aufpassen, daß wir nicht dieselben Fehler begehen, dann werden unsere Kinder nicht verhaftet werden.»

Anders als der Siebenjährige an jenem Weihnachtsfest vor vielen Jahren glaube ich inzwischen, daß Leid und Schwierigkeiten zum Leben eines jeden Menschen dazugehören, auch wenn sie nicht immer so gewaltsam und scheinbar sinnlos zum Ausbruch kommen müssen, wie es gelegentlich der Fall ist. Das Leben ist eher tragisch als wohlgeordnet. Ich muß es lernen, mein Herz zur Ruhe zu bringen, stille zu werden, von den Worten meines Großvaters zu lernen, gerade dann, wenn Schweres geschieht oder ich mit Problemen rechne. Wenn oft zwar völlig unbegründete, immer aber quälende Ängste mir den Schlaf rauben, dann muß ich es lernen, ruhig zu werden und durch alle Furcht hindurch die Stimme des Einen zu hören, dessen Güte kein Ende hat. Gott ist da. Sein Plan ist gut. Das darf ich glauben. Und das ist der Grund meiner Freude, einer Freude, die zwar ihre paradiesische Unschuld verloren, die aber eine gewisse Hoffnung hat.

Etwas anderes fällt mir auf, während ich Dads Betrachtungen über seine Mutter lese. Ich habe sie noch gekannt. Sie starb erst, nachdem ich geheiratet hatte. Als ich dreizehn war, verlor Großmutter ihr Augenlicht fast vollständig. Mit der Gefühllosigkeit eines neugierigen Heranwachsenden fragte ich sie einmal: «Grandma, wie ist das, blind zu sein?»

Ihre Antwort werde ich nie vergessen. Sie blickte mich ernst, aber mitfühlend an und erwiderte schlicht: «Larry, jetzt, wo ich nicht mehr sehen kann, kann ich viel besser für dich beten. Es lenkt mich nicht mehr so viel ab.» Lebensqualität war für sie wichtig. Wichtiger war es ihr aber, nützlich zu sein. Und das gab ihrem Leben eine Ausstrahlung, die auf mich noch heute ihre Wirkung hat.

Wenn Dad von seiner Mutter schreibt, wandern meine Gedanken natürlich auch zu der meinen. Ich werde oft gefragt, warum ich so oft von meinem Vater rede, aber nur selten von meiner Mutter. Mutter bleibt meistens im Hintergrund. Sie betrachtet es als ihre Lebensaufgabe, ihrem Mann zu helfen, und diese Aufgabe erfüllt sie treu.

Wie so viele Frauen, die eine zwar behütete, aber nicht besonders zärtliche Kindheit erlebt haben, kann sie ihre Liebe und ihr Mitgefühl besser durch Taten als durch Worte zum Ausdruck bringen. Anders als so viele Menschen meiner Generation versucht Mutter mehr zu *lieben* als zu *sagen*: «Ich liebe dich.» Ihre treue Fürsorge redet jedoch eine deutlichere Sprache, als flüchtige Worte es je könnten. Sie brachte mir heißen Tee, wenn ich krank war. Sie fuhr mich zum Hautarzt, als meine Akne mich quälte, und zur Sprecherziehung, weil ich stotterte. Sie «flickte» all meine Jeans, als Hosen mit Flicken in Mode waren.

Mutter hat nie schlecht über mich geredet. Wenn die Leute sie fragen, wie ich als Kind war, dann sagt sie regelmäßig zwei Dinge: «Als kleiner Junge war er ein Lausbub», und: «Als er größer wurde, habe ich gemerkt, daß er ganz vernünftig war und die richtigen Entscheidungen treffen konnte, also brauchte ich mir keine großen Sorgen um ihn zu machen.» Sie hat mich erzogen und an mich geglaubt.

Mutter hat jedoch ein ausgeprägtes Gefühlsleben. Wenige Tage nach dem Tod meines Bruders Bill im Jahre 1991 standen wir zusammen in unserer Küche und bereiteten einen Imbiß vor. Ich weiß nicht mehr, in welchem Zusammenhang sie es sagte, aber ihre Worte werde ich nie vergessen. Sie drehte sich zu mir um und sagte mit einem eindringlichen, warmen Blick, wie er vielleicht nur durch das Leid bewirkt werden kann: «Ich glaube, alle drei Crabb-Männer sind etwas Besonderes.»

Ich denke, ich rede deshalb so selten von ihr, weil sie die Öffentlichkeit scheut. Ihre Wirksamkeit ist ähnlich der des Heiligen Geistes: nach außen hin meistens eher undramatisch, aber immer da. Doch wenn ich zuhöre, wie liebevoll und anerkennend mein Vater von seiner Mutter spricht, dann wächst in mir auch die Dankbarkeit für meine Mutter.

Zwei weitere Gedanken kommen mir beim Lesen von Vaters Aufzeichnungen. Einmal hat Dad ein ungewöhnlich reiches Innenleben. Und das bedeutet fast immer schwere Kämpfe. Es war ihm bewußt, daß er mit seinem Ballspiel den Mädchen Eindruck machen wollte. Jeder Junge will das, aber nicht viele machen sich darüber Gedanken. Er gibt zu, daß er eifersüchtig war, als sein Bruder in ein Elite-Internat geschickt wurde, aber er blickt von dieser schmerzlichen Wirklichkeit weg auf das Gute: Sein Verhältnis zu seiner Schwester Helen, die sein Schicksal teilte, wurde enger.

Das zweite ist dies: Dad hilft mir zu verstehen, was Mannsein wirklich heißt. Er hatte Angst, als er Johnny Rennick die Stirn bot, und er wagte es erst, nachdem er Johnnys beleidigendem Befehl, ihn im Wagen zu ziehen, Folge geleistet hatte. Auf dem Weg zum Mann gibt es auch Versagen und Angst. Es gibt Dinge, vor denen ich mich heute noch fürchte, und Gott allein weiß, wie oft ich versage. Aber ich bin noch immer auf dem Weg zu männlicher Reife, und zwar hauptsächlich wegen des Beispiels, das mir mein Vater gab. Ich achte ihn als Mann. Manchmal ist er unsicher, manchmal versagt er, aber er ist kein Schwächling. Er gibt sich so, wie er sich von Gott geführt weiß, und das Leben, das aus seiner Seele quillt, ist lebendiger, als er selbst es meint.

Unlängst fragte ich ihn, ob er sich selbst als reif bezeichnen würde. Er wurde verlegen, wie der reife Mensch es bei einer solchen Frage oft wird. Ein Zeichen von Reife ist es, wenn wir uns mehr mit dem beschäftigen, dem wir immer ähnlicher werden sollen, als damit, wie weit wir wohl schon gekommen sind. Unsere Gedanken dürfen sich mit etwas viel Faszinierenderem beschäftigen als mit uns selbst.

KAPITEL

4

Heute habe ich nur zehn Dollar verdient

Dad und Mutter (Isabel) mit meinem Bruder Bill (links) und mir und unserem Hund Lassie, etwa 1954

Hoffen wir allein in diesem Leben auf Christus, so sind wir die elendesten unter allen Menschen.
1. Korinther 15,19

Die Erinnerungen meines Vaters ...

1946 gab ich meinen guten Posten bei einem größeren Werkzeughersteller in Chicago auf und eröffnete in Philadelphia einen eigenen Zuliefererbetrieb. Wieso gab ich eine verheißungsvolle Zukunft in einem soliden Unternehmen auf und tat diesen Schritt ins Ungewisse?

Das frage ich mich heute noch. Ich hatte im Zweigbetrieb der Firma in Philadelphia begonnen und war nach fünf Jahren in eine leitende Stellung in der Zentrale in Chicago berufen worden. Alles lief gut. Wir fanden in Chicago schnell Freunde, und die Vorstadtgegend, in der wir wohnten, schien für unsere kleine Familie optimal. Wir hatten inzwischen zwei Söhne: Bill, der gerade in den Kindergarten gekommen war, und Larry, der soeben laufen lernte.

Wenn ich zurückblicke, dann sehe ich es nur als den Versuch, meinen eigenen Willen durchzusetzen. Natürlich hatte ich über der Angelegenheit gebetet. Ich habe über allen wichtigen Entscheidungen gebetet. Doch ehrlich gesagt, wenn ich jetzt darüber nachdenke, was Gott wohl von meiner Bitte um seine Führung gehalten haben mag, dann kann ich mich eines Lächelns nicht erwehren. Die Formulierungen, die ich gebrauchte, waren vorbildlich fromm, doch wenn ich zurückdenke, dann müssen meine Gebete vor Gott etwa so geklungen haben: «Lieber himmlischer Vater, ich habe mir überlegt, wie es weitergehen soll, und ich bin sicher, in deiner Weisheit siehst du, daß es mir vor allem darum geht, dich zu ehren und dir zu gefallen. Darum bitte ich dich um deinen Segen. Du hast ja selbst in deinem Wort verheißen, daß du den Frommen kein Gutes mangeln lassen wirst.» Ich glaube, ich erinnerte ihn sogar daran, daß er diese Worte in Psalm 84, Vers 12 finden konnte.

Gott hat gesegnet, doch bei weitem nicht in dem Maße, wie ich es so vertrauensvoll erwartete. Es reichte immer gerade aus, aber nie brachte ich soviel nach Hause, daß ich damit hätte prahlen können. Oft machte ich Überstunden, und wenn ich am Abend nach Hause ging, fragte ich mich, ob das überhaupt einen Sinn hatte. Ich erinnere mich noch an den Abend, an dem ich zu meiner Frau ins Auto stieg und entmutigt seufzte: «Heute habe ich nur zehn Dollar verdient.»

Mein Fehler, so empfinde ich es im Rückblick, bestand darin, daß ich gemeint hatte, die Beziehungen, die ich als Vertreter meiner Firma in Philadelphia hatte knüpfen können, würden mir für meinen eigenen Betrieb erhalten bleiben. Doch jetzt war ich nur ein weiterer Händler, der um die Gunst der Kunden buhlen mußte. «Wieviel können Sie mir nachlassen? Wie schnell können Sie liefern? Oh, wir zahlen nie bar!» Und manche, die normalerweise Großaufträge erteilten, erwarteten, daß sie besonders behandelt würden.

Die Außenstände wuchsen, die Schulden wuchsen. Manche Tage waren gut, mehr Tage waren schlecht. Zu oft waren die Ausgaben größer als die Einkünfte.

Wo war der Gott, der versprochen hatte, es «an keinem Guten mangeln» zu lassen? Ich wußte, was «gut» bedeutet. Wieso machte er nicht mit? Ich hatte den Betrieb mit so guten Absichten begonnen. Damals war es mir nicht bewußt, aber Gott muß in mir etwas von dem feilschenden Wesen eines Jakob gesehen haben. «Wenn du mich reich machst, dann werde ich mich erkenntlich zeigen und mich für den Bau deines Reiches einsetzen.» Ob Gott nicht manchmal amüsiert darüber gelächelt hat, wie ich ihn ständig daran erinnerte, daß ich ja sein Werk fördern wolle, aber natürlich nur in dem Maße, in dem er sich in meinem Werk engagierte?

Ich arbeitete wirklich für ihn. Auch wenn im Geschäft noch so viel zu tun war, übernahm ich in der Gemeinde Verantwortung. Ich koordinierte die Bibelkurse am Sonntag und unternahm regelmäßige Ausflüge mit einer Gruppe von Jungen, denen ich leidenschaftlich Zeugnis gab. Unser Haus wurde ein Treffpunkt für die Jugend. Ich stand vorne, organisierte die Aktivitäten und leitete die Bibelarbeiten, und Isabel kümmerte sich um die wirkliche Arbeit – die beachtliche Aufgabe, jede Woche eine Gruppe von mehreren Dutzend Jugendlichen zu füttern –, und sie tat es freudig. Wir waren ein Team, ein frommes Team, das sich trotz überwältigender Müdigkeit und entmutigender Finanzlage voll einsetzte.

Warum erfüllte Gott seine Verheißung nicht und öffnete die Fenster des Himmels und schüttete Segen in Fülle herab, wie er es in Maleachi 3,10 gesagt hat? Von unserer Seite wurden die Bedingungen doch erfüllt.

Ich kenne Männer, die ihren eigenen Betrieb aufgebaut haben, fromme Männer, und der Erfolg blieb nicht aus. Ich kenne andere, die, wie ich, ums bloße Überleben kämpfen mußten. Warum?

Gott läßt sich einfach nicht nach unseren Wünschen formen. Und den Gedanken, daß ich vielleicht nicht der richtige Mann für ein solches Unternehmen war, daß mir die Voraussetzungen dafür fehlten, unterdrückte ich interessanterweise. Beunruhigt wurde ich durch das Lesen von 1. Timotheus 6,10. Konnte es sein, daß «Geldgier» das Problem war? War es verkehrt, daß mir so viel daran lag, von dem «Dies-ist-unser-letzter-Nickel»-Muster wegzukommen, das mich so lange begleitet hatte? Ich verlangte ja nicht viel: «Armut und Reichtum gib mir nicht» (Sprüche 30,8). War es verkehrt, das zu wünschen? Eine so vernünftige und einsichtige Bitte mußte Gott doch erhören.

Ich habe mich oft gefragt, ob Gottes Vorstellungen von einem gesunden Gleichgewicht zwischen Arm und Reich sich mit den meinen je in Einklang bringen lassen würden. Weder die Tiefen der Armut noch die Höhen des Reichtums: Wo aber liegt dann die Mitte? Der Vers hätte zumindest andeuten können, wieviel zu einem vernünftigen Auskommen gehört. Das Geheimnisvolle ist so verwirrend. Es fordert Vertrauen, wo ich lieber einen klaren Plan will.

Wie sollte ich meine Familie versorgen? Was war mit der Ausbildung meiner Söhne? Ich wünschte mir so sehr, sie könnten eine bessere Welt kennenlernen als die meine: die Welt eines Dickens, C.S. Lewis, Keats, Shelley, Bunyan. Würden auch sie schon im Teenageralter eine Arbeit annehmen müssen, um überleben zu können?

All meine Ängste waren unnötig. Jetzt, Jahre später, sehe ich alles ganz klar. Aber damals hätte ich selbst den Rat eines neunzigjährigen Apostels Johannes für lebensfremd und wenig praktisch gehalten. Die völlige Liebe mag ja vielleicht die Furcht austreiben, aber ein gut gepolstertes Bankkonto ist auch nicht zu verachten.

Irgendwo hinter dem Regenbogen
ist der Himmel blau und klar,
und die Träume, die du träumst,
werden wirklich wahr.

In der zeitlosen Geschichte *Der Zauberer von Oz* träumt Dorothy von einem wunderbaren Land, doch sie findet nur den Zauberer, einen lächerlichen Alten, der Rauch und Gepolter um sich verbreitet. Gibt es einen Weihnachtsmann, einen wirklichen Zauberer, der uns alles geben kann? Werden die Träume, die wir zu träumen wagen, jemals wahr?

Nein, es gibt keinen Weihnachtsmann, aber es gibt jemand weit Besseren. Und ja, Dorothy, es gibt ein wunderbares Land, ein Land, das unsere kühnsten Träume übersteigt: «Was kein Auge gesehen hat und kein Ohr gehört hat und in keines Menschen Herz gekommen ist, was Gott bereitet hat denen, die ihn lieben» (1. Kor. 2,9).

Ich schwankte zwischen Zeiten der Verzweiflung und Zeiten des Vertrauens, daß Gott gut ist, auch wenn alle Beweise seiner Güte schmerzlich vermißt wurden. Ein unerschütterlicher Glaube ist nicht selbstverständlich.

«Nichts ist mehr zu fürchten als die Furcht.» Diese Worte aus der Antrittsrede von Franklin Roosevelt sind nicht banal. Die *Angst vor dem Versagen* ist weit schlimmer als das Versagen selbst. Angst raubt uns die Energie und führt zu oft ins Selbstmitleid. Ich weiß das nur zu gut. Oh, natürlich tat ich, was jeder Gläubige tun sollte. Ich unterstrich all die Bibelstellen, die mir so hilfreich geschienen hatten, als ich sie nicht brauchte. Ich las das häufige «Fürchte dich nicht», das der Herr so oft seinen furchtsamen Nachfolgern zugerufen hatte.

Doch erst jetzt beginne ich die Bedeutung von 5. Mose 33,27 ansatzweise zu verstehen: «Zuflucht ist unter den ewigen Armen», die tägliche Fürsorge desselben Gottes, der die Vorräte einer Witwe Tag um Tag erneuert hatte. Das Mehl in ihrem Topf wurde nicht verzehrt, und dem Ölkrug mangelte nichts (1. Kön. 17,16). Sie erhielt, was sie brauchte, als Antwort auf ihren Glauben und ihren Gehorsam. Wenn ich erhielt, was ich brauchte, dann aus schierer göttlicher Gnade.

Doch ich bat Gott immer wieder um größere Rücklagen, größere Zuteilungen. Ich wollte Sicherheit, Zahlungsfähigkeit, etwas, das ich sehen konnte. Gott antwortete nicht. Doch obwohl das Schweigen des Himmels so zermürbend war, gab er immer das, was wir gerade brauchten.

Als ich unlängst im Buch Hiob las, fiel mir ein Vers besonders auf: «Denn was ich gefürchtet habe, ist über mich gekommen, und wovor mir graute, hat mich getroffen» (Hiob 3,25). Und achten wir einmal darauf, wie die Litanei weitergeht. Da ist kein Frieden, keine Rast, nur Sorge. Oder verstehe ich das falsch? Sagt Hiob etwa: «Gott, ich habe deine Güte nie ausgenutzt, habe nie darauf gepocht, mich an deinem Segen erfreuen zu können. Es war mir immer bewußt, daß an alles, was du gibst, Bedingungen geknüpft sind»?

In meinem Fall hat Gott für uns gesorgt. Irgendwie konnten wir immer die Rechnungen bezahlen. Irgendwie, und das ist so wunderbar, konnten sowohl Bill als auch Larry das College besuchen. Ich bin so stolz auf sie; beide haben völlig eigenständig ihre Doktortitel erwerben können.

Jakob unterschied sich von Hiob darin, daß ihm die Art, wie Gott mit einer Situation umging, Probleme bereitete. Man kann ihn förmlich hören: «Augenblick, Gott. Ich hab da eine bessere Idee. Ich würde mich freuen, wenn du dabei mitmachst.» Jesaja spricht von Menschen, die ihren eigenen Weg gehen, die ihre eigenen Feuer anzünden, um in der Dunkelheit Licht zu haben. Gott warnt sie: «Das widerfährt euch von meiner Hand; in Schmerzen sollt ihr liegen» (Jes. 50,11). Wie lächerlich ist es doch, in Schmerzen zu liegen, wenn er uns einlädt, auf grünen Auen zu weiden (Ps. 23). Und doch habe ich das immer wieder getan. Warum ist es so schwierig, zu vertrauen, wirklich stille und ruhig zu sein?

Markus 4 erzählt davon, wie Jesus mit den Jüngern im Boot war und schlief. Als sie ablegten, war das Wetter schön, doch bald wirbelte ein Hurrikan das kleine Boot über das Wasser wie eine Streichholzschachtel. Sofort schrien die Jünger um Hilfe: «Meister, fragst du nichts danach, daß wir umkommen? Wie kannst du nur daliegen und schlafen? Tu doch etwas!»

Wie oft habe ich dasselbe erlebt! Ich habe versucht, mein Schiff selbst zu steuern. Natürlich will ich, daß der Herr mit an Bord ist. Er ist hochwillkommen, solange er sich nicht einmischt, wenn ich steuere. Wenn er helfen will, auch gut. Wenn nicht, darf er sich ruhig zum Schlafen hinlegen. Solange die See ruhig ist, habe ich das Gefühl, ich bräuchte seine Hilfe nicht.

Doch plötzlich bin ich in Not: «Heute habe ich nur zehn Dollar verdient.» Wo ist er? Jetzt, Jahre nach dem Sturm, nachdem mein Glaube durch die Erfahrung gefestigt ist, kann ich bestätigen, was die Schrift schon immer gesagt hat. Er ist da, immer. Er ist gut, immer. Und er ist gut genug. Meine Aufgabe ist es, ihm das Steuer zu übergeben und ihm zu folgen, wo er hingeht, auch wenn es nicht dorthin ist, wo ich hin wollte.

... und die Gedanken eines Sohnes ...

Auch ich kann mich noch an den Abend erinnern, an dem Vater sagte: «Heute habe ich nur zehn Dollar verdient.» Damals war er Besitzer und Geschäftsführer der Power-Tool-Company, eines kleinen Betriebs in der Queen-Lane in

Germantown, einem Stadtteil von Philadelphia. Es war keine «gute» Geschäftsadresse. Keine Anwaltskanzleien, keine Managerbüros waren in der Nachbarschaft. Auf der einen Seite von Power-Tool befand sich eine Karosseriewerkstatt, auf der anderen eine Imbißstube.

Aber es war eine ordentliche Straße, und die Menschen arbeiteten schwer, um ihren Unterhalt zu verdienen. Die Angestellten meines Vaters waren solide, freundliche Arbeiter, Männer, die lieber die Sportseiten des *Philadelphia-Evening-Bulletin* lasen, als in die Bücherei zu gehen. Die ungebrochene Liebe meines Vaters zu Keats und Dickens fand in ihnen keinen Widerhall.

Die vier oder fünf Männer, mit denen Vater seine Arbeitstage verbrachte, waren ein lauter, gutmütiger Haufe, der seine besondere Freude daran hatte, den jüngsten Sohn des Chefs zu hänseln. Ich kann mich nicht daran erinnern, von ihnen je einen schmutzigen Witz oder derbe Worte, außer einem gelegentlichen «verdammt», gehört zu haben. Doch ich denke, daß ihre anständige Sprache und ihr sauberer Humor weniger mit ihren eigenen Überzeugungen zu tun hatten als mit denen meines Vaters. Dad sprach oft von dem guten Einfluß, den ein Christ auf seine Umgebung haben sollte.

Als ich aufs College ging, fuhr ich in den Sommerferien und oft auch in der freien Zeit nach der Schule den Lieferwagen von Power-Tool. Die praktische Begabung meines Bruders brachte ihm einen Job in der Werkstatt, und er reparierte defekte Bohrer, Fräsen und Schleifmaschinen. Mein Talent reichte nur aus, den Boden zu fegen und den Lieferwagen zu fahren.

Einer von Dads langjährigen Angestellten war Roy, ein fröhlicher, stattlicher Schwarzer, der hart arbeiten mußte, um seine vier Kinder durchzubringen. An einem Sommertag, ich besuchte seit einem Jahr das College und war von einem unerträglichen Hochmut erfüllt, stand ich neben Dad, als Roy am Feierabend mit einem heiteren «Bis morgen» die Werkstatt verließ.

Ich erinnere mich noch, wie wir Roy in sein altes Auto klettern sahen, und mit der mitleidigen Überheblichkeit eines

Prinzen, der aus dem Palastfenster auf einen gemeinen Straßenverkäufer hinabsieht, bemerkte ich: «Wenn ich einmal fünfunddreißig bin, werde ich bestimmt nicht in solchen Arbeitsklamotten herumlaufen.»

Mein Vater war ein ruhiger, zurückhaltender, nicht sehr direkter Mann. Mit einer Heftigkeit, die ich nur selten an ihm erlebt habe, drehte er sich zu mir um, sah mich an und sagte, ohne die Stimme zu heben: «Alles, was du hast, ist ein Geschenk. Betrachte es nie als eigenes Verdienst. Aber setze es sinnvoll ein.» Dann wandte er sich ab.

An jenem Tag, als mein Vater über seine geringen Einkünfte klagte, saß ich auf dem Rücksitz unseres Autos. Mutter saß am Steuer. Vater kletterte auf den Beifahrersitz und sagte, ohne Mutter auch nur anzusehen: «Heute habe ich nur zehn Dollar verdient.» Er sah so niederschlagen, so völlig erledigt aus. Er lächelte nicht, gab seinem Sohn auf dem Rücksitz keinen liebevollen Puff, legte nicht einmal Mutter eine Hand auf die Schulter. Während der halbstündigen Heimfahrt und den ganzen Abend hindurch war er in seiner Mutlosigkeit gefangen.

Ich war damals erst zwölf und hatte natürlich kein Verständnis für die tiefe Angst, ein Versager zu sein, die ihn quälte. Es kam mir auch nicht in den Sinn, irgend etwas zu tun, um ihn aus seiner Verzagtheit zu reißen.

Ich war allerdings beunruhigt, daran kann ich mich noch erinnern. Ich wollte, daß er fröhlich und zuversichtlich war. Es machte mir Angst, ihn so bedrückt zu sehen. Aus Gründen, die ich jetzt viel klarer erkenne, war es für mich wichtig, daß er froh war. Obwohl ich es damals nicht bewußt so empfand, haßte ich es, ihn so mutlos zu erleben. Es färbte auf mich ab, und das gefiel mir nicht. Wenn er mit dem Leben nicht zurechtkam, was hatte ich dann zu erhoffen? Schließlich war er mein Vater, Symbol der Stärke.

Wenn er gestorben wäre, als ich fünf war, hätte ich ihn vielleicht so in Erinnerung wie er seinen Vater – drei Meter groß, allwissend und allmächtig. Aber ich kenne Dad nun seit bald fünfzig Jahren. Er ist einsfünfundsiebzig groß; größere Väter könnten ihn leicht zusammenschlagen; er weiß nicht alles, und Schwierigkeiten machen ihm manchmal zu schaffen.

Und doch schätze ich ihn sehr, vielleicht mehr als er seinen Vater, weil ich mehr Zeit hatte, ihm zuzusehen. Aber warum? Warum schätze ich diesen so unvollkommenen Mann, dem sein Versagen solche Angst machte, so hoch?

Ich bin sicher, daß ich mir Illusionen mache über meine Eltern. Welches Kind, egal wie alt, sieht seine Eltern objektiv? Wir halten sie entweder für besser oder schlechter, als sie in Wirklichkeit sind, je nachdem, welche Erinnerungen und Motive vorherrschen. Wenn unsere Eltern einen guten Einfluß auf unsere Seele hatten, dann idealisieren wir sie wahrscheinlich, allerdings eher aus einem Gefühl der Abhängigkeit heraus und weil wir darauf angewiesen sind, daß sie uns weiterhin Gutes tun, als aus Bewunderung. War ihr Einfluß schlecht, dann malen wir entweder ein übertrieben idealistisches Bild von ihnen, um eine geliebte Illusion aufrechtzuerhalten, oder wir verachten sie und können selbst ihren guten Seiten nichts Positives abgewinnen.

Doch aus welchen Gründen auch immer, ich achte meine Eltern. Ich verschließe die Augen nicht vor ihren Fehlern, und ich denke, sie hätten manches noch besser machen können. Aber dennoch schätze und liebe ich sie von ganzem Herzen. Warum?

Ein Grund, unter vielen anderen, ist der: Beide haben nie wirklich den Mut verloren. Sie haben den Weg eines bewußt im Glauben geführten Lebens nie verlassen, um anderweitig nach der Lösung ihrer Probleme zu suchen. Ich habe gesehen, wie mein Vater seine Kämpfe vor den Herrn brachte. Er sprach oft von König Hiskia, der «dem Herrn anhing und wich nicht von ihm ab» (2. Kön. 18,6). Als ein Drohbrief von seinen Feinden kam, ging Hiskia «hinauf zum Hause des Herrn und breitete ihn aus vor dem Herrn» (2. Kön. 19,14). Mein Vater ging nicht zum Haus des Herrn, aber er saß oft an seinem Platz am Kamin und breitete die Sache vor dem Herrn aus, indem er seine Bibel las und betete. Das Bild ist mir geblieben.

Nachdem er sich über die geringen Einkünfte jenes Tages gesorgt hatte, ging Dad am nächsten Sonntag zum Abendmahl, nicht, weil er so tun wollte, als sei alles in Ordnung, sondern aus Dankbarkeit, weil er ein festes Fundament hatte. Er wollte die eine Quelle aller Hoffnung noch besser kennenlernen.

Ich habe viel daraus gelernt. Der größte und beste Einfluß, den Eltern auf ihr Kind haben können, besteht nicht darin, daß sie immer fröhlich, voller Selbstvertrauen und Stärke sind oder sich so um ihre Kinder bemühen, daß diese ein gesundes Selbstwertgefühl entwickeln können. Und sicher hängt er auch nicht von einer großzügigen materiellen Versorgung ab. Der größte und beste Einfluß, den Eltern auf ihr Kind haben können, entsteht da, wo sie sich durch nichts von der Nachfolge Christi abbringen lassen, auch nicht durch Rückschläge und Schwierigkeiten.

Das macht mir Mut. Meine beiden Söhne haben mich Schlimmeres sagen hören als: «Heute habe ich nur zehn Dollar verdient.» Sie haben mich so mutlos erlebt, daß ich fast wie gelähmt war. Sie haben einen Zorn in mir gespürt, der alles Mitgefühl auslöschte. Sie haben mich so sorgenvoll erlebt, daß die Furcht jegliche tröstende Kraft der Liebe austrieb. Sie haben unter meinen egoistischen Ansprüchen gelitten und dagegen aufbegehrt.

Ich habe als Vater sicher auch einiges Gutes bewirkt. Aber ich habe auch versagt. Und manchmal hätte ich am liebsten aufgegeben. Was soll's? Warum weitermachen? Ich bemühe mich, liebevoll und stark zu sein und mich so zu verhalten, wie es von einem Christen erwartet wird. Aber trotzdem verletze ich meine Frau; trotzdem sehen meine Söhne in mir wenig davon, was es heißt, als Mann Christus ähnlich zu sein. Bestenfalls bin ich ein mangelhafter Abglanz von Christi machtvoller Liebe.

Aber aufgeben wäre der einzige Fehler, der nicht wiedergutzumachen ist. Wie mein Vater (und zum großen Teil wegen ihm) mache ich weiter, wenn ich dabei auch ein bißchen humple.

Vielleicht kann auch ich, trotz aller Mängel in meiner Beziehung zu meiner Frau, meinen Söhnen und anderen, die mir zusehen, ein wenig Mut machen, zu glauben, daß ein Vertrauen auf Gott immer gerechtfertigt ist und eines Tages belohnt werden wird, auch wenn wir heute nur zehn Dollar verdienen.

KAPITEL

5

Heute will ich nicht in den Gottesdienst

Meine Eltern an ihrem fünfzigsten Hochzeitstag, 1988

Siehe, wie fein und lieblich ist's, wenn Brüder einträchtig beieinander wohnen.
Psalm 133,1

Die Erinnerungen meines Vaters …

Mein ganzes Leben lang habe ich zur Gemeinde der «Plymouth-Brüder» gehört. An jedem Sonntagmorgen, dem Tag des Herrn, kommen wir zusammen, um im Abendmahlsgottesdienst, beim «Brotbrechen», unseres Herrn zu gedenken. Mehr als siebzig Jahre war ich ein treuer Gottesdienstbesucher, nicht nur aus Gewohnheit, sondern aus Überzeugung, die sich auf Worte der Bibel wie zum Beispiel Hebräer 10,25 gründet: «… und nicht verlassen unsre Versammlungen.»

Doch an einem Sonntag vor etwa acht Jahren hatte ich keine Lust, in den Gottesdienst zu gehen, und ich tat es auch nicht.

Oh, ich hatte meine Gründe – gute Gründe, so meinte ich zumindest. Ich zögere allerdings, sie hier im einzelnen aufzuführen, denn auch Positionen, die man für durchaus gerechtfertigt hielt, halten einer ehrlichen Prüfung oft nicht stand. Es ging um Meinungsverschiedenheiten zu Verfahrensfragen, und ich wollte von meinem Standpunkt nicht abweichen und berief mich dabei auf das, was Paulus dem jungen Timotheus über das Verhalten im Haus des Herrn schrieb (1. Tim. 3,11). Schließlich war ich einer der älteren Brüder, damals bereits über siebzig. Wieso zeigten sie keine Anerkennung für meine Weisheit, meine geistliche Haltung, meinen wohlmeinenden Versuch, ihnen die Wahrheit nahezubringen?

Es ist mir heute nicht mehr ganz klar, um welches besondere Verhalten es ging; woran ich mich aber noch gut erinnere, ist *mein* Verhalten an jenem Morgen.

Ich war nervös und ruhelos. Im einen Moment war ich entschlossen, in den Gottesdienst zu gehen; im nächsten zögerte ich. Ich war wie der Mensch, den Jakobus beschreibt: «Ein Zweifler ist unbeständig auf allen seinen Wegen» (Jak. 1,8). Schließlich entschied ich, daß der Rasen gemäht werden mußte, und machte mich mit fast fiebriger Energie an die Arbeit. Dann schien es mir nötig, endlich einmal das Durcheinander in der Garage aufzuräumen. Das Auto mußte gewaschen werden. Ich tat alles Mögliche, um nur nicht über meinen freiwilligen Entschluß, zu Hause zu bleiben statt zu tun, was der Herr in seiner letzten Bitte so deutlich zum Ausdruck gebracht hat, nachdenken zu müssen. Das war keine Kleinigkeit.

Isabel hielt sich weise zurück. Ich wußte, ohne mich würde sie nicht gehen, dennoch wünschte ich mir, sie täte es. Wahrscheinlich wäre ich mitgekommen, wenn sie sich fertiggemacht hätte, um in den Gottesdienst zu gehen. Später erzählte sie mir, daß sie eigentlich gern gegangen wäre, aber sie hatte die Fragen gefürchtet: «Wo ist Larry?»

Was hätte sie antworten sollen? «Oh, er hat sich über ein paar Sachen geärgert.» Oder: «Er fühlt sich heute nicht so wohl.» Außerdem wußte sie, daß ich sie brauchte, vielleicht als Klagemauer, als Ventil für meine Frustration.

Schließlich kam ich wieder zur Besinnung, wie der verlorene Sohn in Lukas 15. Ich begann, mit mir selbst zu reden, ja, mir ins Gewissen zu reden. War vielleicht ich selbst das Problem, war ich Ursache der Meinungsverschiedenheiten in unserer Gemeinde? Ich dachte an Christi Gebet um Einheit: «Daß sie alle eins seien, wie wir eins sind» (Joh. 17,22). War ich wie die Mitglieder der Gemeinde von Korinth, die ihre Spaltungen damit verteidigten, sie gehörten «zu Paulus, ich zu Apollos, ich zu Kephas, ich zu Christus» (1. Kor. 1,12)?

War ich, waren wir an einen Punkt gelangt, wo nur noch die Verfolgung von außen die Gläubigen zusammenbringen konnte? Sind wir womöglich so tief gesunken, daß viele unserer Streitigkeiten nichts anderes sind als verdeckte persönliche Fehden? Sind wir wie die Pharisäer, die «Mücken aussieben, aber Kamele verschlucken» (Mt. 23,24)? Bin ich ein Pharisäer?

Je älter ich werde, desto mehr verlangt es mich danach, mich an der Einheit des Leibes Christi zu erfreuen. Im Heiligen Geist Gemeinschaft zu haben, das ist so wohltuend.

Wirkt der Heilige Geist dieses Verlangen in mir? Ich möchte so viel mehr, als ich oft spüre. Einfach zusammenzukommen ist nicht dasselbe wie Gemeinschaft haben. Warum scheint es, als hätten wir heute nicht mehr so viel Gemeinschaft miteinander?

Wie oft gehe ich zu einer Zusammenkunft mit meinen Glaubensgeschwistern und freue mich darauf, mich gemeinsam mit ihnen an der Gegenwart Christi zu erfreuen. Und dann genügt es, daß mich jemand kühl begrüßt, vermeintlich übersieht oder etwas sagt, was ich falsch auffasse, und ich reagiere menschlich, normal, sündig, und die Freude verfliegt. Aus der Gemeinschaft wird eine distanzierte Beziehung, die nur notdürftig von banalen Wahrheiten überlagert wird. Und oft genug bestehen diese banalen Wahrheiten auch noch aus Bibelversen.

Und doch weiß ich, daß echte Gemeinschaft möglich ist. Ich habe sie im Laufe der Jahre mit vielen Menschen erleben dürfen. Je älter ich werde und je mehr ich mir von Gottes Wort aneigne, desto mehr wünsche ich mir, ich könnte den «noch besseren Weg» (1. Kor. 12,31), von dem ich lese, einschlagen. Ich möchte über den kleinen Problemen stehen können, und doch gelingt es mir nicht. Die Bibel gibt uns auch nicht immer klare Anweisungen zu den verschiedenen Fragen. Statt dessen zeigt sie die großen Prinzipien auf und überläßt es uns, uns entsprechend zu verhalten.

Muß die Erkenntnis Gottes nicht auch zu einer frohen Gemeinschaft mit anderen Gläubigen führen, dazu, daß wir uns gemeinsam an allem erfreuen, was Gott uns geben will? Als Mose Gott sehen wollte, versprach ihm der Herr, ihm am Gnadenthron zu begegnen, zwischen den beiden Cherubim, die auf der Lade des Gesetzes thronten (2. Mose 25,21-22). Die Bilder sprechen eine so deutliche Sprache: das übertretene Gesetz, in der Bundeslade, jedoch unter dem blutbesprengten Gnadenthron. Niemand durfte die Lade öffnen und hineinsehen. Niemand durfte das Gesetz erneut hervorholen, um jene zu verdammen, die durch das Blut der Versöhnung bedeckt waren.

Die Begegnung mit Gott am Gnadenthron ist die Grundlage der Gemeinschaft. Das immer mehr zu verstehen, heißt, Gott zu verstehen. Kann ein einzelner Mensch Gott verstehen und kennenlernen? Die Antwort ist ein fröhliches Ja. Aber wie wunderbar ist es, diese Gemeinschaft mit anderen Gläubigen zu teilen und damit einen Vorgeschmack davon zu erhalten, welche Harmonie im Himmel einmal herrschen wird. Wir müssen das, was unserem Beziehungen schaffenden, verbindenden Gott wichtig ist, lieben und pflegen. «Nicht verlassen unsre Versammlungen…, und das um so mehr, als ihr seht, daß sich der Tag naht.»

Meine Gedanken verwirren sich etwas. Es ist gegen zwei Uhr nachts. Mir scheint, als würde ich träumen, ich befände mich in großer Höhe, dürftig gestützt von einer Wolke. Es ist recht angenehm hier oben, und ich blicke auf meine Glaubensgrundsätze und freue mich: die freie Gnade im Gegensatz zu einer Theologie des Bundes; die Entrückung vor der großen Trübsal, eindeutig die einzig vertretbare Auslegung der Lehre von den letzten Dingen.

Plötzlich habe ich das Gefühl, ich befände mich im freien Fall. Beim Hinabstürzen sehe ich überall um mich herum die verschiedensten Glaubensgrundsätze schweben. Doch seltsamerweise berührt es mich kaum, daß so viele Ansichten, die ich für felsenfeste Grundsätze hielt, anscheinend keine Verankerung haben. Dann ist mein Fall beendet, sanft lande ich auf einem festen Grund, der sich ganz anders anfühlt als die Wolke, auf der ich eben noch schwebte.

Wie klar die Luft hier unten ist, kein Nebel, kein Dunst. Weit über mir sehe ich die Überzeugungen, an denen ich noch immer hänge, aber ich fühle mich ihnen nicht mehr so verpflichtet, muß mich nicht mehr so in sie verbeißen. Hier unten in der klaren, reinen Luft erkenne ich, daß auch andere als meine Standpunkte ihre Gültigkeit haben können. Irgendwie ist das demütigend, aber gleichzeitig scheint eine neue Offenheit in mir zu wachsen, ein Verständnis für die Menschen, die nicht alles genauso machen, wie sie es meiner Meinung nach tun sollten.

Ich blicke unter mich. Woraus besteht dieser neue, sympathisch solide Grund? Er besteht aus all jenen Wahrheiten, ohne die es keine Beziehung zu Gott gibt, ohne die wir vor ihm nicht bestehen können: Wahrheiten über den Herrn Jesus Christus, sein göttliches Wesen, seine ewige Sohnschaft, die Errettung allein aus Gnaden durch das Werk, das er auf Golgatha vollbrachte.

«Es ist vollbracht» war ein Siegesruf, mit dem angekündigt wurde, daß alles, was bis dahin zwischen Gott und seiner Freude an seinen Geschöpfen gestanden hatte, nun aufgehoben war. Ohne diesen Ruf ist der christliche Glaube bedeutungslos. Ohne ihn hat er nichts zu bieten. Doch mit Christi Siegesruf bietet er alles. Das ist eine grundlegende Wahrheit. Zwar haben damit all die Lehrmeinungen, die ich bislang für wesentlich und grundlegend hielt, ihre Bedeutung nicht verloren, aber ich kann ihnen jetzt ihren Platz zuweisen. Ich erkenne, daß sie es nicht wert sind, Zwiespalt und Bitterkeit unter den Menschen hervorzurufen, die den Erlöser kennen und lieben.

Vielleicht habe ich die rechte Lehre bislang als ein Gerüst aus starren Pfählen gesehen, die uns aufrecht halten, nicht als Rohre, durch die Gott seine Liebe zu uns fließen läßt. Indem ich auf eine tiefere Ebene hinabgefallen bin, hat sich mir nun vielleicht auch die tiefere Bedeutung der Glaubenslehren erschlossen als eines Lehrgebäudes, das eine Liebesgeschichte erzählt: die einseitige Romanze des Einen, der sich durch nichts von seinem Vorhaben abbringen läßt.

Ach du weißt ja nicht,
Wie wenig wert du aller Liebe bist!
Wen willst, Erbärmlicher, du finden, zu lieben dich,
Außer Mich, außer einzig Mich?
All was ich nahm von dir, ich nahm es nur –
Nicht dir zum Harme,
Nein, just daß du es suchen möchtest in Meinem Arme.

All was dein kindlich Wähnen nur
Verloren wähnt', Ich hob es auf für dich daheim;
Steh' auf, faß Meine Hand, komm heim!

(Aus «Der Jagdhund des Himmels» von Francis Thompson)

Ohne Beziehungen, die letztlich das Wesen des christlichen Glaubens ausmachen, sind all unsere Lehrsätze nichts anderes als ein tönendes Erz oder eine klingende Schelle. Ich mag immer noch nicht «in die Kirche gehen». Aber ich sehne mich danach, mit Christus Gemeinschaft zu haben und mich zusammen mit anderen, die ihn kennen, an dieser Gemeinschaft zu freuen.

... und die Gedanken eines Sohnes ...

Ein bekannter Prediger sagte einmal, bei der Beerdigung seines Vaters habe er ein Gefühl der Befreiung erlebt wie nie zuvor. Jeder Sohn wird, so denke ich, zumindest ein wenig von dem unentrinnbaren Verlangen beherrscht, von seinem Vater anerkannt zu werden, ein Verlangen, das für viele selbst den Tod ihres Vaters überlebt.

Ich bin mit meinem Vater nicht immer einer Meinung. Das fängt bereits beim Geldausgeben an. Ich denke mir nichts dabei, die Socken zu kaufen, die mir gefallen, wenn sie nicht gerade übermäßig teuer sind. Mein Vater würde eher ein Paar kaufen, die ihm nicht so gut gefallen, wenn sie billiger sind.

Wenn jemand fünfzig theologische Fragen nennen würde, dann würden wir in einigen Punkten differieren. Wir würden bereits darüber verschiedener Meinung sein, welche Punkte wichtig sind und über welche es gar keine Diskussion geben dürfte. So hat mein Vater zum Beispiel ganz bestimmte Vorstellungen über das Gemeindeleben, während ich in dieser Beziehung viel flexibler bin.

Als ich schon weit über zwanzig war, schloß ich mich einer

evangelikalen Gemeinde an, die sich in vielem von der Plymouth-Brüder-Gruppe, in der ich aufgewachsen war, unterschied. Ich brauchte sechs Monate, um zu entscheiden, ob ich dieser Gemeinde wirklich beitreten sollte, und ich habe in diesen Monaten bittere Tränen vergossen, weil ich das Gefühl hatte, ich würde mein Erbe verleugnen.

Wenn ich nun auf jene Zeit zurückschaue, dann frage ich mich, ob nicht ein Teil der damaligen Probleme dem Gefühl entsprang, meinem Vater untreu zu werden. Seine Ansichten über das Gemeindeleben sind mir wichtig. Sie waren es damals, sie sind es heute, und sie werden es vermutlich auch dann noch sein, wenn er tot ist.

Warum? Warum sind sie mir so wichtig? Fühle ich mich ertappt, wenn ich von ihnen abweiche, unter Druck gesetzt, um seine Anerkennung zu erringen? Oder ist es eher, weil ich seine Weisheit achte, etwa so, wie ein junger Arzt Respekt hat vor der Meinung eines erfahrenen Chirurgen?

Sicher spielt das zweite eine Rolle. Ich habe Respekt vor meinem Vater. Ich habe die Freiheit, nicht immer gleicher Meinung mit ihm zu sein; aber ich bin dabei nicht leichtfertig. Das wäre auch unsinnig. Er besitzt eine Weisheit, die man nur durch lange, ehrlich vor Gott gelebte Jahre und die ständige Beschäftigung mit seinem Wort erringt.

Doch auch der Wunsch nach seiner Anerkennung schwingt mit, vielleicht mehr, als mir lieb ist oder ich zugeben möchte. Der Wunsch nach einem anerkennenden Lächeln von dem Mann, der von meinen frühesten Jahren an Ausdruck lebensspendender Kraft für mich war, ist stark. Und er läßt sich nicht auslöschen. Daraus entsteht in jeder Vater-Sohn-Beziehung ein bestimmtes Kräftespiel, das Spannungen hervorruft und sich einer gesunden Entwicklung in den Weg stellen kann.

Ich will das etwas erläutern. Zwei Elemente bestimmen dieses Kräftespiel. Zunächst ist da das Gefühl des Vaters, sein Sohn würde ihn verraten, wenn dieser Sohn Entscheidungen fällt, die der Vater so nicht getroffen hätte. Guten Vätern, wie dem meinen, liegt daran, daß ihre Kinder für sich selbst zu denken lernen und ihre eigenen Wege gehen. Aber den meisten Vätern sind *richtige* Entscheidungen wichtiger als *freie*

Entscheidungen. Welchem Vater wäre es nicht lieber, sein Sohn würde sich für ein Leben harter Arbeit entscheiden, als einfach in den Tag zu leben? Väter möchten, daß ihre Söhne sich frei entscheiden, aber sie hoffen, daß der gesunde Menschenverstand siegt und die Söhne sich von sich aus ihren Vorstellungen anpassen.

Welcher Vater, der den Demokraten anhängt, findet schon Gefallen an den republikanischen Neigungen seines Sohnes, auch wenn sie das Ergebnis sorgfältiger Überlegungen sind? Welcher baptistisch geprägte Vater ist ebenso stolz, wenn sein Sohn lutherischer Pfarrer wird, wie er es wäre, wenn derselbe Sohn Prediger bei den Baptisten würde? Das Problem besteht natürlich darin, daß Väter meinen, ihre Söhne würden dann am besten fahren, wenn sie sich den Überzeugungen ihrer Väter anpassen. «Er *muß* doch einsehen, was richtig ist! Ich wünsche es mir für *ihn*, daß er die richtige Entscheidung trifft!» Ich frage mich, wie viele von uns das erste Gebot aus «Liebe» zu ihren Söhnen übertreten: «Du sollst dem Gott dienen, den ich dir zeige.»

Das zweite Element besteht darin, daß der Sohn das Bedürfnis hat, sich von dem Mann, dem er am nächsten sein möchte, abzugrenzen. Dazu hat er zwei Möglichkeiten. Entweder er trifft bewußt Entscheidungen, die dem Willen seines Vaters entgegenstehen, oder er gibt alles Bemühen um Selbständigkeit auf und tut, was sein Vater verlangt, weil der Vater es so möchte. Weder im einen noch im anderen Falle ist er frei. Er sitzt aufmerksam auf seinem Ende der Wippe und reagiert auf die Bewegungen seines Vaters am anderen Ende.

Was tun? Der Vater möchte sein Vermächtnis weitergeben; der Sohn möchte unabhängig sein. Der Vater fühlt sich verraten, wenn der Sohn seine Freiheit in einer Weise nutzt, die das Vermächtnis des Vaters in Frage stellt. Der Sohn verbringt sein ganzes Leben in der Spannung zwischen dem Wunsch nach Unabhängigkeit und dem Wunsch nach Anerkennung. Um Anerkennung zu gewinnen, muß er die Ansichten seines Vaters übernehmen; um sich unabhängig zu fühlen, muß er sich über sie hinwegsetzen.

Solange dieses Kräftespiel nicht erkannt und aufgelöst ist,

kann der Mentor nicht wirklich in Aktion treten. Alle Versuche des Vaters, seinem Sohn ein Vorbild zu sein, vermitteln diesem das Gefühl, unter Druck gesetzt zu werden, und er wird entweder rebellieren oder kapitulieren.

Die Gedanken, die meinem Vater durch den Kopf gingen, weil er eines Sonntags keine Lust hatte, in den Gottesdienst zu gehen, zeigen einen – vielleicht den einzigen – Weg aus diesem Dilemma. In seiner «Vision» (echte Reife führt immer vom reinen Rationalismus zum Mystizismus) schwebten während seines Falls all die so lieb gehaltenen theologischen Ansichten um ihn herum. *Die Lehrsätze hatten nicht die Macht, ihn auf dem erhöhten Platz zu stützen.* Und das ist ein überaus wichtiger Punkt. Denn weil sie ihn nicht auf dem erhöhten Platz hatten halten können, brauchte er ihren Verlust auch nicht mehr zu fürchten. Er hielt sie immer noch für richtig und wichtig, aber er war nicht mehr auf sie angewiesen, und darum war es auch nicht mehr so wichtig, daß andere seine Meinung teilten. Er wurde fähig zum Dialog.

Als er schließlich landete, fand er sich auf einem festen, aber bequemen Grund wieder, der mich an grüne Weiden und frische Wasser erinnert. Vorher hatte er auf energisch verteidigten, theoretischen Ansichten zu wichtigen, aber nicht lebenswichtigen Fragen gethront. Die neue Basis (auf der er schon immer geruht hatte) bestand aus einer engen Beziehung zu seinem Erlöser, einer reichen, persönlichen Beziehung, die er auf andere ausdehnen, an der er sich gemeinsam mit anderen erfreuen konnte.

Mir gefällt das Bild. Sein Thron war von Pfosten getragen (festen Glaubenssätzen), aus denen, als er fiel, Rohre wurden, durch welche die Liebe strömen konnte. Seine Überzeugungen blieben dieselben. Doch ihr Sinn und ihre Bedeutung änderten sich.

Solange seine Ansichten über das Gemeindeleben (oder andere Fragen) wie starre Pfosten sind, die ihn über die anderen erheben, solange werden seine Bemühungen, die Welt in seinem Sinne zu beeinflussen, als Druck und als Zwang verstanden werden und entweder Auflehnung hervorrufen oder Unterwürfigkeit fördern. Wenn sie jedoch zu offenen Rohren werden, durch die Gottes Liebe hindurchfließt, dann können Gespräche entstehen und, wichtiger noch, tiefere Beziehungen. Es wird weniger Zwiespalt und mehr Eintracht herrschen.

Es gibt noch immer Punkte, an denen ich mit meinem Vater nicht derselben Meinung bin. Die Art, wie er seine Ansichten vorbringt, läßt sie hin und wieder wie feste Pfosten, nicht wie offene Rohre erscheinen. Und manchmal habe ich das Gefühl, ich widerspreche, um meine Unabhängigkeit zu bewahren, in der törichten Meinung, damit männlicher zu wirken. Zu anderen Zeiten wiederum verdränge ich meine eigenen Vorstellungen und verhalte mich so, wie ich meine, daß es ihm gefallen würde, in der ebenso törichten Annahme, seine Zustimmung wäre lebenswichtig.

Aber wir haben auch vieles gemeinsam. Wir wissen, daß jeder von uns dafür verantwortlich ist, dem Herrn zu gefallen und nicht einander. Eine engere Beziehung zu Christus, darum geht es uns beiden; berechtigte Spaltungen treten nur da auf, wo über das Zustandekommen dieser Beziehung verschiedene Meinungen bestehen. In diesem Punkt jedoch sind wir einer Meinung.

Und so versuchen wir weiter, Löcher in unsere Pfosten zu bohren und sie zu Rohren zu machen, durch die Gottes Liebe ungehindert auch in unsere Beziehung hineinströmen kann.

Auch wenn ich mich tatsächlich freier fühlen sollte, wenn mein Vater einmal stirbt – der Verlust seiner Person wird für mich unendlich viel schwerer wiegen.

KAPITEL

6

Laß mich bei meinem Bruder sein, wenn er stirbt

Dad und mein Onkel Cecil, 1916

Herr, wohin sollen wir gehen? Du hast Worte des ewigen Lebens.
Johannes 6,68

Die Erinnerungen meines Vaters …

Als Mutter starb, wurden «wir fünf» zu «wir vier»: mein Bruder Cecil, meine beiden Schwestern Helen und Mabel und ich. Wir waren inzwischen alle verheiratet und hatten eigene Kinder. Geographisch waren wir getrennt, aber wir fühlten uns noch immer als eine Familie.

Cecil war für mich nach wie vor der große Bruder, der erste Spieler unseres Spielplatzteams. Wir prahlten noch immer mit jenen Tagen in den zwanziger Jahren. Ich entsinne mich an den Tag, an dem Cecil mich vor den Hieben eines echten Schlägers rettete. Ich hatte gerade einen auf die Nase bekommen, als Cecil auf der Bildfläche erschien. Wie froh war ich, ihn zu sehen.

Die Jahre hatten uns noch enger zusammenwachsen lassen. Wir vergaßen unsere Kinderstreitereien. «Wieso kannst du meine Sachen nicht in Ruhe lassen?» «Das ist mein Zimmer!» «Es gehört mir genausogut wie dir.»

Cecil hatte lange Jahre als Chemiker bei Dupont gearbeitet und war inzwischen im Ruhestand, und da er eine recht beträchtliche Pension erhielt, freuten seine Frau Gennie und er sich darauf, zu reisen und es sich schön zu machen. Sie wollten die USA bereisen und auch England und Südamerika besuchen.

Doch dann bekam er gesundheitliche Probleme. Es stellte sich heraus, daß er Krebs hatte und ihm ein Bein abgenommen werden mußte. Das ganze Leben veränderte sich schlagartig.

Ich erinnere mich noch, wie gelassen, ja fast fröhlich er die neue Situation akzeptierte. «Warum sollte ich klagen?» erwiderte er. «Die vergangenen über siebzig Jahre waren schön. Ich kann immer noch lesen. Ich kann auf meinem Computer herumklimpern. Und ich habe Gennie.»

Und er hatte ein ausgefülltes Leben. Er hielt Literaturkurse für Erwachsene. Er hatte einen Sohn, Charlie, der ihm sehr nahestand, und Frank, einen langjährigen Freund, der der zweite Spieler in unserem Baseballteam aus Kindertagen gewesen war. Frank half Cecil, mit seiner Beinprothese zurechtzukommen. Weil ihm das Bein noch über dem Knie abgenommen worden war, hatte er Schwierigkeiten, sich an die Prothese zu gewöhnen. Tag für Tag verbrachte Frank unzählige Stunden damit, Cecil in jener schwierigen Zeit geduldig zu ermutigen.

Ein Jahr nach Cecils Operation zog ich mit Isabel nach South Carolina, aber wir fuhren oft nach New Jersey, um meinen Bruder zu besuchen. Das Haus war immer voller Gäste. Cecil und Gennie mochten die Menschen, und die Menschen mochten sie. Ich freute mich jedesmal auf diese Besuche, auch wenn Cecil und ich nicht nur geographisch, sondern auch weltanschaulich verschiedene Richtungen eingeschlagen hatten.

Ich hatte vor langer Zeit Jesus als meinen Erlöser angenommen. Cecil hatte sich anders entschieden. Er bezeichnete sich als einen Agnostiker, der sich der Unmöglichkeit bewußt war, über die offensichtlichen Tatsachen des Lebens hinaus etwas wissen zu können.

Unzählige Male diskutierten wir darüber. Für mich war es entmutigend, daß mein eigener Bruder, mit dem mich so viele Erinnerungen verbanden, für den meine Mutter gebetet hatte, Gott nicht kannte. Ich habe etwas gegen die Christen, die von der Bosheit der Menschen sprechen, die nicht so glauben, wie sie selbst. Natürlich bin ich parteiisch, aber jeder, der Cecil kannte, mochte ihn und vertraute ihm. Er gab nicht vor, Christ zu sein, aber er besaß viele der Tugenden, die wir oft so engstirnig für das besondere Terrain bekennender Christen halten.

Dann meldete sich der Krebs erneut. Eine endlose medikamentöse Behandlung brachte keine Besserung. Cecil kam wieder ins Krankenhaus. Wir wechselten uns ab, damit immer jemand bei ihm war, und manchmal meinten wir einen Hoffnungsschimmer zu spüren. Als die Ärzte beschlossen, Cecils linkes Auge am grauen Star zu operieren, sagten wir zueinander: «Wahrscheinlich wissen die Spezialisten mehr, als sie uns sagen wollen. Wenn keine Hoffnung bestünde, würden sie nicht noch eine solche Operation vornehmen.»

Nur einen Tag später wurde Cecil entlassen und nach Hause geschickt, weil die Ärzte, wie sie sagten, nichts weiter für ihn tun konnten. Nun wurde er nur noch medikamentös behandelt – für jemanden, der schon so viel durchgemacht hatte, eine schwere Prüfung. Wir waren voller Fragen: Konnte ihm nicht mehr geholfen werden? Welchen Sinn sollte das fortgesetzte Einnehmen von Medikamenten haben? Wäre es nicht besser, einfach dafür zu sorgen, daß ihm die letzten Tage so angenehm wie möglich gemacht würden?

Die einzige Antwort, die wir von den Medizinern erhielten, lautete: «Es tut uns leid, aber im Moment können wir nicht sagen, wie lange er noch leben wird.»

Ich dachte, es sei sein letzter Tag. Ich kann mich noch lebhaft daran erinnern. Ich kniete neben seinem Bett und fragte leise: «Cecil, möchtest du, daß ich mit dir bete?» Das Pflegepersonal hatte uns gebeten, Cecil gegenüber nicht vom Sterben zu sprechen. Er hatte sehr negativ reagiert, als einmal eine Andeutung davon gemacht wurde, aber er wußte Bescheid. So viele Jahre hindurch hatte er sich gegen den Gedanken gewehrt, der Tod könne mehr sein als das Ende der leiblichen Existenz.

Doch als ich jetzt vom Beten sprach, sah er mich an, und Tränen füllten seine Augen. Ich hatte ihn nie zuvor weinen sehen. «Ja, Larry, gern. Ja, bitte.»

Man sollte meinen, daß ich mich an jede Einzelheit dieser bewegenden Stunde erinnern könnte, aber eigenartigerweise ist mir von dem Gebet, das ich damals für ihn sprach, nichts im Gedächtnis haften geblieben. Könnte es sein, daß die Worte, die ich gebrauchte, nicht von mir kamen? Könnte es sein, daß «der Geist selbst [mich vertrat] mit unaussprechlichem Seufzen» (Röm. 8,26)?

Am selben Tag erklärte uns der Arzt, der Cecil noch einmal untersucht hatte: «Wir wissen es nicht genau, aber so, wie es aussieht, wird Cecil noch eine Weile leben. Wir werden versuchen, ihm die Schmerzen, soweit möglich, zu lindern, und geben Ihnen Bescheid, wenn es dem Ende zugeht.» Isabel und ich entschlossen uns, nach South Carolina zurückzufahren. Wir waren so lange in New Jersey gewesen, und zu Hause wartete eine Menge Arbeit auf uns. Gennie versprach, sofort anzurufen, wenn eine Änderung in Cecils Befinden eintreten würde.

Wir sagten nicht richtig Lebewohl, sondern eher «Bis bald», so wie wir es normalerweise taten. Auf der langen Heimfahrt dachten wir an Mutters Glauben, und ich betete inständig und bat Gott: «Bitte, laß mich bei meinem Bruder sein, wenn er stirbt!» Ich wollte bei meinem großen Bruder sein und ihm von Christus sagen, wenn er den Weg in die Ewigkeit antrat.

Es war schon spät, als wir zu Hause ankamen. Noch immer flehten wir zu Gott und wiederholten mein Gebet. Die Nacht war lang, und ich fand keinen Schlaf.

Früh am nächsten Morgen rief Gennie an. Alles, was sie hervorbrachte, war: «Cecil ist von uns gegangen.» (Wie sehr bemühen wir uns, das Wort «Tod» nicht aussprechen zu müssen. Wir reden von denen, die «von uns gegangen sind», die «nicht mehr bei uns sind», die «uns verlassen haben».)

Cecil war tot. Mein großer Bruder war tot.

Wo war Gott? Ich hatte ihn gebeten, bei meinem Bruder sein zu dürfen, wenn er starb. Er hatte nein gesagt.

Ich blickte ein halbes Jahrhundert zurück und sah, wie Mutter unter Tränen lächelte, als sie mit uns vieren am Krankenlager meines Vaters stand, von dem er sich nicht mehr erhob. «Kinder, Papa wird wieder gesund. Ihr werdet es erleben. Gott erhört Gebet. Er kann es tun.» Ich war damals nur ein Kind, ein Junge von fünf Jahren. Aber wer hätte an Mutters Glauben gezweifelt? Papa würde wieder gesund werden. Gott konnte das tun. Er hatte sogar Tote auferweckt.

Ich hatte gemeint, mein Glaube sei in den vielen Jahren, die seit jenem Tag an Vaters Krankenbett vergangen sind, gewachsen und ich würde Gott in allen Lagen vertrauen. Doch jetzt stiegen all die alten Fragen wieder auf, und es fiel mir schwer, zu glauben und anzuerkennen, daß Gott wirklich gut ist und sich um uns kümmert.

Ich hatte ihn ja nicht gebeten, Cecil am Leben zu erhalten; so weit hatte ich weder zu hoffen noch zu beten gewagt. Er hatte Krebs, bösartigen Krebs. Mein Gebet war doch vernünftig, ein Zugeständnis an den Gott, den ich so standhaft als allmächtig verteidigt hatte. Ich hatte nur gebeten: «Laß mich bei meinem Bruder sein, wenn er stirbt.» Und da saß ich nun, Hunderte von Meilen entfernt. Ich konnte nur den Kopf schütteln und mich für die Rückfahrt nach New Jersey zur Beerdigung fertigmachen.

Mein Glaube geriet ins Wanken, aber er zerbrach nicht. Doch ich überlebte nur, weil ich wußte, daß ich zum Herrn gehen konnte, um neue Kraft zu empfangen: «Wohin sollen wir gehen?» (Joh. 6,68). Daß mein Glaube überhaupt überlebte, ist Zeugnis dafür, wie weise es von Gott ist, uns nicht in die Zukunft sehen zu lassen. Hätte ich damals bereits gewußt, daß diesem tiefen Schmerz bald der Tod meiner Schwester und der plötzliche Tod meines Sohnes Bill folgen würden, dann hätte ich vielleicht gerufen wie der arme Hiob: «Siehe, Gott erfindet Vorwürfe wider mich, er betrachtet mich als seinen Feind; er hat meine Füße in den Block gelegt» (Hiob 33,10-11).

Wir fuhren zurück nach New Jersey zur Beerdigung, der zweiten Beerdigung eines von «uns fünfen», die den Tod meines Vaters miterlebt hatten. Vom Begräbnis meines Vaters ist mir nichts weiter im Gedächtnis geblieben als die Worte meiner Mutter: «Papa ist beim Herrn. Wir werden ihn bald wiedersehen.» Bei der Beerdigung meiner Mutter wurde es uns zum Trost, daß sie immer im Bewußtsein der baldigen Entrückung gelebt hatte. Immer hatte ihre Bibel, aufgeschlagen bei 1. Thessalonicher 4, auf dem Eßzimmertisch gelegen, um Vaters Abwesenheit zu erklären und die Hoffnung auf ein baldiges Zusammensein aufrechtzuerhalten.

Cecils Beerdigung verlief, wie man es sich nicht anders

wünschen konnte. Die Menschen kamen, um einem freundlichen Mann die letzte Ehre zu erweisen, einem Mann, der von allen, die ihn kannten, hoch geschätzt worden war. Die Kirche spendete soviel Trost, wie ihr möglich war. Eine große Menschenmenge, sowohl bei der Aufbahrung wie während der eigentlichen Beisetzung, zeugte davon, daß Cecil geliebt und vermißt wurde.

Wenn ich zurückblicke, muß ich allerdings sagen, daß die Beerdigung irgendwie trostlos und nüchtern war, ganz anders als jene, denen ich sonst beigewohnt hatte und wo die Aussicht auf ein Wiedersehen im Himmel der wesentliche Aspekt gewesen war. Trost gegeben hatte dort der Gedanke an die Entrükkung, daran, für immer bei Jesus zu sein, und an die Verheißungen in Gottes Wort, besonders in 1. Thessalonicher 4 und 1. Korinther 15.

Und doch war ich nicht ganz ohne Hoffnung. Der Heilige Geist hatte für Cecil gefleht. Ich würde ihn wiedersehen. Er und ich würden mit Mama und Papa zusammensein. Dürfen wir das nicht aus dem Gleichnis vom Verlorenen Sohn lernen, der «in sich ging»? Als er sich auf den langen Heimweg machte, sah ihn sein Vater von ferne und lief ihm entgegen – stellen wir uns das einmal bildlich vor –, um ihn *zu Hause* willkommen zu heißen!

«Wer zu Gott kommen will, der muß glauben, daß er ist und daß er denen, die ihn suchen, ihren Lohn gibt» (Hebr. 11,6). Wie ein Ertrinkender habe ich oft gerufen: «Ich glaube, Herr, hilf meinem Unglauben.» Ich weiß, was es bedeutet, in der Finsternis nach dem einzigen Lichtstrahl zu schauen.

Bei Cecils Beerdigung und in der Zeit, die seitdem vergangen ist, habe ich mich nach diesem Licht ausgestreckt. Aber ich habe keine Glocken gehört, kein Blitz fuhr hernieder. Statt dessen ist meine Seele unerklärlich ruhig geworden und hat einen Grund gefunden, der fest und unerschütterlich bleibt. Meine verzweifelte Bitte: «Laß mich bei meinem Bruder sein, wenn er stirbt», ist von einem stillen Vertrauen abgelöst worden.

Vor Jahrhunderten rief ein sterbender Mann einem anderen Sterbenden zu: «Herr, denke an mich.» Die Antwort des

Einen, der gekommen ist, um zu suchen und selig zu machen, was verloren ist, läßt mich immer wieder neu über seine bereitwillige Gnade staunen. «Heute wirst du mit mir im Paradies sein» (Lk. 23,43).

Ich habe mit meiner einzigen noch lebenden Schwester häufig über diese Dinge gesprochen. Denen, die in seinem Namen reden, gibt der Herr wirklich Lobgesänge in der Nacht. Ich war nicht bei meinem Bruder, als er starb. Doch auch wenn mir das Herz heute noch deswegen weh tut, kann ich singen.

... und die Gedanken eines Sohnes ...

In meinen schlimmsten Stunden, wenn aus Nichtverstehen zornige Enttäuschung wird, schreie ich manchmal: «Gott, ich weiß, daß du gut bist. Aber wozu bist du gut?» Was sollte er tun, wenn sein Kind im Schlamm versinkt und nichts findet, woran es sich festhalten kann?

Mein Vater mußte sich unlängst einer Herzoperation unterziehen. Die Herzklappe, die sich öffnet, um das Blut in den Körper strömen zu lassen, hatte sich verengt und ließ nicht mehr genug Blut hindurch. Ein weiteres Blutgefäß war verstopft. Die Chirurgen durchsägten sein Brustbein, um die Herzklappe zu ersetzen und einen Bypass zu legen. Das alles bei einem alten Mann, der sich zwar ansonsten bester Gesundheit erfreut, aber doch immerhin schon achtzig ist.

Vor und kurz nach der Operation war ich bei meinem Vater. Vorher war er fröhlich und entschlossen, wenn auch nicht gerade unbeschwert. Es stand für ihn außer Frage, daß er, sollte er die Operation nicht überleben, beim Herrn und dem Rest seiner Familie sein würde. Dennoch war ihm eine gewisse Besorgnis abzuspüren, eine Furcht, die auch durch die vollkommene Liebe nicht ausgetrieben wurde.

Nach der erfolgreich verlaufenen Operation hatte er noch immer zu kämpfen. Die körperlichen Beschwerden waren weitaus schlimmer, als wir auch nur geahnt hatten. Er konnte kaum laufen. Wenn er hustete, um den Schleim zu lösen, wurde das wieder verbundene Brustbein erschüttert, und die Bewegung rief unerträgliche Schmerzen hervor. Dazu kam eine endlose Prozession vergnügter Schwestern und stach und bohrte in seine ohnehin schon schwachen Venen, um immer mehr Blut abzuzapfen.

Er litt auch unter seelischen Beschwerden. Wie hat der geistliche Sieg bei einem achtzig Jahre alten Mann auszusehen, der sich von einer Herzoperation zu erholen versucht? Wie geht ein gereifter Christ mit seelischer Qual um und mit seinen inneren Hilfeschreien: «Herr, nimm die Schmerzen weg. Und wenn nicht, dann laß mich doch wenigstens etwas von deiner Nähe spüren, laß mich irgendwie erfahren, daß du bei mir bist»?

Einen Monat nach der Operation sagte er zu mir: «Du kannst dir nicht vorstellen, was mir seit der Operation alles durch den Kopf gegangen ist. In einer Nacht, als die Schmerzen wirklich kaum mehr zu ertragen waren, habe ich Gott vorgeworfen, wie unfair es doch sei, daß ich zweitausend Jahre nach Christus geboren wurde. Hätte ich damals gelebt, als er als Mensch auf der Erde war, dann hätte er auf mich zukommen und seine Hand auf meine Brust legen und mich heilen können, ohne daß all diese gräßlichen Schnitte nötig gewesen wären. Ich weiß, daß es Unsinn ist, so etwas zu denken, aber wenn du verzweifelt bist, kannst du kaum einen klaren Gedanken fassen. Ich wollte, daß die Schmerzen nachließen. Aber Gott hat nicht mitgemacht.»

Er fuhr fort: «Die meisten der Lieder, die wir singen, sind doch irreführend. Manche sind schlichtweg albern. Wenn es uns nicht gutgeht, dann erleben wir nicht viel von all der Freude und dem Vertrauen, über die wir so gern singen.»

Ist das Sieg? Ist das Reife? Paulus sang mitten in der Nacht im Gefängnis. Später jedoch sprach er von großer, nicht gelinderter Einsamkeit. Und die Stimmungswechsel, die Jeremia durchmachte, würde man heute als ernsthafte Persönlichkeitsstörung diagnostizieren und mit Medikamenten behandeln.

Sollen wir uns zum Singen zwingen, auch wenn unser Herz voller Sorge ist? Müssen wir uns schwachen Glauben vorwerfen, wenn wir keinen wohlklingenden Ton herausbringen? Das schönste Lied ist vielleicht der Ausdruck eines ungebrochenen Vertrauens auf Gottes Güte, selbst da, wo wir uns auf keine sichtbaren Beweise stützen können. Die tiefsten Anbetungslieder entstehen vielleicht wirklich nur in der dunkelsten Nacht.

Während der zehn Tage, die mein Vater im Krankenhaus verbrachte, schlief er nicht gut. Mehrere Nächte teilte er das Zimmer mit einem Patienten, dessen Schnarchen Tote hätte aufwecken können. Eines Abends gab die Schwester Dad ein Schlafmittel, das jedoch eine verheerende Wirkung bei ihm hervorrief. Statt ihm den Schlaf zu ermöglichen, rief es die bizarrsten Bilder hervor, beinahe schon Halluzinationen, und vier Stunden lang hatte er keine Kontrolle über seine Gedanken.

Es tat mir weh, ihn leiden zu sehen. Wenn er hustete, hätte ich am liebsten den Raum verlassen. Es war kaum mitanzusehen, wie er vor unerträglichem Schmerz das Gesicht verzog und doch sofort wieder versuchte, beruhigend zu lächeln. Manchmal reichte die Kraft dafür nicht.

Eines Abends fuhr ich sehr besorgt zum Hotel zurück. Ich las nicht mehr und stellte auch den Fernseher nicht an, sondern verbrachte mehr als eine Stunde im Gebet. «Herr, laß ihn in dieser Nacht einmal schlafen.» Ich wußte, daß es in Gottes Macht stand, ihm den Schlaf zu schenken. Und ich wußte, wenn es in meiner Macht stünde, dann würde ich ihn schlafen lassen.

Als ich am nächsten Morgen zum Krankenhaus ging, war ich gespannt, zu erfahren, wie die Nacht gewesen war. Ich weiß nicht, was ich erwartete. Ich glaube, ich empfand so etwas wie ein zorniges Vertrauen: Natürlich hatte Gott ihn schlafen lassen. Wieso sollte er nicht?

Ich sagte meiner Mutter guten Morgen. Sie hatte die Nacht bei Dad im kleinen Krankenzimmer verbracht; mein Angebot, im Hotel zu übernachten, hatte sie abgelehnt. Wie jede Nacht seit der Operation hatte sie auch diese in einem Lehnstuhl verbracht, in dem sie sich nicht einmal bequem umdrehen konnte. Sie sah müde aus, müder als sonst.

«Wie hat er geschlafen?» fragte ich.

«Furchtbar schlecht», erwiderte sie ernst, und der übliche Optimismus war aus ihrer Stimme geschwunden. Sie war völlig erschöpft.

Ich blieb den Tag im Krankenzimmer und sah meiner Mutter zu, wie sie sich um Vater kümmerte. Ich hörte ihn husten und vor Schmerzen aufstöhnen. Ich half ihm aus dem Bett und beim verhaßten Spaziergang über die Station. Ich war dabei, als sechs weißgekleidete Pfleger ins Zimmer stürzten und mich zusammen mit Mutter und meiner Schwägerin Phoebe in den Gang schoben, weil Vaters Herz stillstehen wollte.

Er überlebte. Später meinte eine Schwester: «Es ginge ihm soviel besser, wenn er nur einmal eine Nacht durchschlafen könnte.» Ich hätte am liebsten geschrien.

Zurück im Hotel, begann ich wieder zu beten: «Herr, laß ihn heute nacht doch schlafen, bitte!» Doch diesmal konnte ich nicht weitermachen. Nach einem Satz hörte ich auf. Es schien mir sinnlos. Ich glaubte immer noch, daß Gott da war. Das Kreuz läßt mir keine andere Möglichkeit. Ich zweifelte auch nicht daran, daß der Gott, der die Welt durch sein Wort ins Dasein gerufen hat, dafür sorgen konnte, einem müden Mann den Schlaf zu bringen. Aber das hatte ich auch am Abend zuvor geglaubt, als ich eine ganze Stunde gebetet hatte. Und nichts war passiert. Wieso sollte es jetzt anders sein?

Ich stand einem ärgerlichen Geheimnis gegenüber. Trotz meiner Gebete zu einem mächtigen, guten Gott, konnte ich in der Genesung meines Vaters keine übernatürlichen Kräfte am Werk sehen. Keinem Arzt war irgend etwas aufgefallen, was sich nicht im Rahmen der normalen medizinischen Erkenntnisse erklären ließ. Wenn mir jemand gesagt hätte, mein Vater würde schlafen, wenn ich nur genug Glauben hätte, ich glaube, ich hätte um mich geschlagen. Patentantworten, die Gott berechenbar machen wollen, erfüllten mich mit Wut.

Aber warum konnte Gott nicht einmal ein Wunder tun, noch dazu ein kleines? Für den, der einen toten Mann aus dem

Grab holte und Lahme zum Springen brachte, sollte Schlaflosigkeit kein allzu großes Problem sein. Ich sah keinen Grund, warum Gott meine Bitte abschlagen sollte. Nur eine Nacht schlafen. Das war doch sicher nicht zuviel verlangt.

Als ich auf meinem Hotelbett lag, allein, müde, voll Sorge um meine Eltern und von Gott enttäuscht, erfüllte mich plötzlich ein eigenartiges Gefühl. Ich spürte, Gott wollte mit mir reden. Ich konnte nicht mit voller Überzeugung darum bitten, daß Dad schlafen möge. Doch auf einmal ging mir auf, daß ich es vielleicht auch gar nicht sollte. Die Überzeugung hatte keine Basis. Ich wollte mich selbst davon überzeugen, daß ich Gott dazu bringen konnte, etwas Bestimmtes zu tun. Aber ich war nicht bereit, Gott zu vertrauen, ob er nun auf mich einging oder nicht.

Ich griff nach einem Buch von G. K. Chesterton, das ich schon mehrmals gelesen und aus keinem besonderen Grund für die Reise eingesteckt hatte. Ich schlug den Abschnitt auf, in dem Chesterton davon schreibt, was für eine Person er in Jesus Christus entdeckt hat. Seine Gedanken fesselten mich, und auch ich wollte es lernen, mich an einem Gott zu freuen, der nicht unbedingt auf meine Pläne eingeht.

Ich spürte, wie in meinem Herzen eine Veränderung vor sich ging. Es ging mir nicht mehr darum, Gott unter Kontrolle zu bekommen. Statt dessen verlangte es mich danach, Christus zu begegnen. An jenem Abend geschah etwas mit mir. Ich konnte einen Blick auf Christi Wesen werfen. Das Gefühl, daß er mich liebt und kennt, war so real, daß selbst der Gedanke an die Schmerzen meines Vaters es nicht dämpfen konnte. Ehrfürchtig sah ich mich einer unbezwingbaren Kraft gegenüber, einer Stärke, wie sie kein Mensch aufzubringen vermag. Ich spürte, ich befand mich in der Gegenwart eines Wesen, dem ich vertrauen konnte. Trotz ungelöster Probleme fand ich für einen Augenblick Ruhe.

Gott hat mein Gebet nicht erhört. Aber er schenkte mir einen Blick auf seinen Sohn.

Gott ließ es nicht zu, daß mein Vater bei seinem Bruder sein konnte, als er starb. Er hätte es einrichten können, aber er tat es nicht. Und er hat meinen Vater im Krankenhaus nicht eine

Nacht gut schlafen lassen. Dad ist jetzt seit mehr als einem Monat wieder zu Hause, und noch immer wartet er darauf, einmal wirklich gut schlafen zu können. Weder im Blick auf den Zeitpunkt von Onkel Cecils Tod noch im Blick auf die Genesung meines Vaters nach der Herzoperation meine ich eindeutige Hinweise auf das Wirken einer übernatürlichen Macht entdecken zu können. Dennoch glaube ich, daß Gott in beiden Fällen am Werk war.

Mein Vater kann singen, auch wenn sein Gebet im Blick auf den Tod seines Bruders nicht erhört wurde und er darunter leidet. Es sind keine läppischen Lieder, die vom Vertrauen zu einem Gott singen, der immer tut, was wir uns wünschen, sondern es ist der volle Klang, der aus der Seele jener Menschen steigt, die einen Blick auf Christus werfen durften. Und obwohl mein Kampf weitergeht und viele Fragen unbeantwortet bleiben, höre ich hin und wieder dieselbe Melodie. Und selbst wenn ich sie dann wieder nicht hören kann, so glaube ich doch, daß sie irgendwo gespielt wird.

KAPITEL

7

Ich schrie Gott an, aber er wollte nichts bereuen

Mein Bruder Bill, 1969

Ich aber wäre fast gestrauchelt mit meinen Füßen; mein Tritt wäre beinahe geglitten.
Psalm 73,2

Die Erinnerungen meines Vaters ...

Es war Sonntag morgen, der 3. März 1991. Das Telefon läutete, und Isabel ging, um abzunehmen. Dann hörte ich sie rufen: «Larry! Komm ans Telefon. Irgend etwas ist passiert. Ich weiß noch nicht, was. Komm, schnell!»

Phoebe war am Apparat, die Frau unseres Sohns Bill. Sie klang hektisch, fast ein bißchen durcheinander. «Ich bin am Flughafen. Bill war schon so nahe. Jetzt heißt es, das Flugzeug sei abgestürzt.»

Später hörten wir die offizielle Erklärung: *«Keine Überlebenden.»*

Keine Überlebenden? Wie konnte das sein? Unser Sohn, *unser* Sohn war in dem Flugzeug!

Warum? Warum, Gott? *Warum?*

Ich wußte nicht, wohin mit den Gefühlen, die in mir tobten. Ich ging auf das Feld hinter unserem Haus und schrie zehn Minuten lang zu Gott. Ich lief auf und ab und zweifelte an der Güte eines allmächtigen Gottes, ja, ich stellte sie in Frage.

Ich schrie und hoffte, ein allgegenwärtiger Gott – mein Vater, der Eine, den ich vertrauensvoll «Papa» genannt hatte – würde mich hören. Doch ich sah nichts weiter als den Himmel, einen schweigenden, leeren Himmel. Gott, so schien es, hatte sich verborgen. Er blieb stumm.

Bill war tot. Warum, Gott? Warum?

Aus dem Widerhall meiner eigenen Worte heraus, hörte ich die Worte meines Vaters: «Pscht – Gott ist da!»

Nun hatte ich mit demselben würgenden Kummer fertig zu werden wie meine Mutter vor über siebzig Jahren. Wie nah und wirklich sind noch immer jene Worte, die an der Wand unseres kleinen Hauses in Philadelphia hingen, Worte, die unter Tränen geschrieben und gerahmt wurden und von einem außergewöhnlichen Glauben zeugen.

Papa mahnte uns, im Angesicht des Todes stille zu werden. Meine erste Reaktion war es, meinen Kummer herauszuschreien.

Zeigt meine Verbitterung, daß ich noch immer allzu schnell an Gottes Macht und Güte zweifle? Das wäre traurig. Könnte es sein, daß dies für mich die eine Sünde ist, die uns ständig umstrickt (Hebr. 12,1)? Ich wünschte, ich könnte die Worte meines Vaters nachsprechen, die er bei seinem Eintritt in die Herrlichkeit so vertrauensvoll aussprach, als er eine junge Ehefrau und vier kleine Kinder zurückließ.

Wenn das Leben angenehm ist, dann spreche ich gern von der wunderbaren Unberechenbarkeit Gottes. Doch wenn das Leid kommt und der Glaube ins Wanken gerät, dann kann ich an seinem unfehlbaren Handeln kaum etwas Wunderbares entdecken.

Man sagt, die Zeit heilt alle Wunden; aber dieser Spruch ist wenig überzeugend. Etwa ein Jahr nach jenem furchtbaren Morgen quälte mich der Schmerz über Bills Tod so sehr, daß ich mich hinsetzte, um ihm einen Brief zu schreiben. Ich habe ihn natürlich nie abgesandt. Zwar kenne ich die Adresse, aber wer würde ihn überbringen?

Lieber Bill,
vielleicht liest Du schon mit, während ich schreibe. Wie wenig wissen wir erdgebundenen Wesen doch von dem Leben, das Du jetzt kennenlernst. Unseres ist ein Gemisch aus Leben und Tod. Du kennst nur noch Leben – Leben! Wie gut Du *ihn* inzwischen kennen mußt.

Ich tröste mich mit zwei Wahrheiten, die der Vater uns gibt. «Den Leib zu verlassen und daheim zu sein beim Herrn» und «bei Christus zu sein, was auch viel besser wäre» (2. Kor. 5,8 und Phil. 1,23). Ich bezweifle nicht, daß Du in einer Weise glücklich bist, wie ich sie erst erleben werde, wenn ich bei Dir im Himmel bin.

Manchmal frage ich mich, ob Du weißt, wie sehr wir Dich vermissen. Gestern noch hast Du zu uns gehört. Wenn ich frage, warum ein liebender Vater Dich auf der Höhe Deines Lebens fortgenommen hat, dann nicht, weil ich den göttlichen Willen in Frage stellen, sondern weil ich ihn erkennen möchte. Wird mir das je geschenkt werden, oder müssen wir blind vertrauen?

Blind vertrauen? Nein!

Können wir denn im Licht all dessen, was uns von Gottes Wesen so deutlich offenbart wurde, blind vertrauen? Wer kann an der Liebe des Einen zweifeln, der sich selbst für uns gegeben hat – sogar in den Tod? Nein! Von blindem Vertrauen zu sprechen ist eine Beleidigung.

Wie sehr ich Dich beneide. Ein furchtbarer Augenblick, und dann – und da bin ich sehr gewiß – der Eintritt in die Wirklichkeit, die Erfüllung aller Träume. War es so, wie C. S. Lewis vermutet und wie auch Du es, unbewußt, immer geahnt hast? Wenn Du zurückkämst, und wenn auch nur für einen Moment, würdest Du es dann, wie Paulus, unmöglich finden, das Unbeschreibliche zu beschreiben?

Immer, immer, Bill, wenn ich an Dich denke, sehe ich Dich in der Gegenwart der Wahrheit selbst. Ich weiß, daß Du bei ihm bist. Was könnte ich mir mehr für Dich wünschen? Ja, ich vermisse Dich, wie so viele, aber mein Kummer wird von der Gewißheit der frohmachenden Verheißung überwunden: «Und zuerst werden die Toten, die in Christus gestorben sind, auferstehen. Danach werden wir, die wir leben und übrigbleiben, zugleich mit ihnen entrückt werden auf den Wolken in die Luft, dem Herrn entgegen; und so werden wir bei dem Herrn sein allezeit» (1. Thess. 4,16-17). *Zusammen!*

Bis bald
Dad

Noch während ich diesen Brief schreibe, erfüllt mich das wunderbare Gefühl, Gott kennen zu dürfen. Ich spüre seine Nähe. Warum ist es so schwer, solche Augenblicke in Worte zu fassen? Gott, der so wunderbar Unberechenbare, gibt sich in solchen Momenten zu erkennen, in denen wir ihn brauchen, ihn allein und niemand anderen.

Keine Überlebenden! Als der Schock dieser Worte seinen Weg in unser Bewußtsein gefunden hatte, schenkte Gott Isabel und mir einen kurzen Blick auf die Wirklichkeit, die hinter der unseren steht: einen Hauch des Himmels. Als unser Sohn starb, waren wir ein glücklich verheiratetes Paar und konnten auf zweiundfünfzig gemeinsame Jahre zurückschauen. Wir waren uns sehr nahe. Ich konnte mir nicht vorstellen, daß wir uns näher sein könnten. Doch Gott hat versprochen, allen Trauernden «Schmuck statt Asche» zu geben (Jes. 61,3). Wie kann ich das neue Einssein beschreiben, das wir erlebten, als wir einander an jenem Sonntag morgen in den Armen hielten? Wir empfanden eine so intensive Einheit, wie sie wohl nur im Himmel noch übertroffen werden kann.

«Sie werden ein Fleisch sein.» In jenen Augenblicken erlebten wir einen Vorgeschmack jenes völlig auf den anderen Ausgerichtetseins, wie es eines Tages jedes Gotteskind prägen wird. Eines Tages werden wir nicht nur bei ihm sein, sondern auch *wie er*. Das Wunder jener Momente der intensiven Nähe mitten in der Asche der Trauer über den Tod unseres Sohnes war wirklich wie ein Geschenk des Himmels.

Gott ist gut. Er ist freundlich. Egal, wie sehr ich sein Tun in Frage stellen mag, es ist Teil seines Plans, seines großen Plans. Bill lebt, und es geht ihm gut, ohne jeden Zweifel. Gott selbst wird bald die letzten Schatten vertreiben, wenn sein Sohn in strahlendem Licht wiederkommen wird.

Am Morgen, nachdem ich den Brief an Bill schrieb, notierte ich ein paar Gedanken in meinem Tagebuch: «Wie kann ich weiterleben? Es ist phantastisch, unbegreiflich, mir fehlen die Worte. Mein Sohn Bill ist dort. Er ist angekommen. Das weiß ich!»

Ich stellte mir Bill vor, wie er plötzlich vor den Herrn tritt. «Willkommen zu Hause, Bill.» Für Bill ist die Gegenwart des Herrn Wirklichkeit geworden. Für mich ist sie noch immer ein Hauch.

Vor Bills Tod war ich so sicher, daß ich ein gereifter Mann sei. Gottes wunderbar unberechenbares Wesen war eine unerschütterliche Realität, an der ich mich freute. Doch ich fürchte, meine Reaktion auf Bills Tod hätte die Mahnung des Eliphas an seinen Freund Hiob verdient: «Siehe, du hast viele unterwiesen und matte Hände gestärkt... Nun es aber an dich kommt, wirst du weich, und nun es dich trifft, erschrickst du» (Hiob 4,3.5).

Ich hoffe, daß die Erfahrungen, die ich seit Bills Tod machen durfte, mein Vertrauen auf Gottes Güte erneuern mögen. Ich hoffe, daß mein Vertrauen auf Gottes Wesen wächst, so daß ich, wenn ich an Bills Tod denke, mit Hiob sagen kann: «Der Herr hat's gegeben, der Herr hat's genommen; der Name des Herrn sei gelobt» (Hiob 1,21).

... und die Gedanken eines Sohnes ...

Es mag seltsam erscheinen, doch als ich von Vaters Reaktion auf die Nachricht von Bills Tod las, fühlte ich mich geliebt. Und, seltsamer noch, ich fühlte mich an meinen Platz verwiesen.

Dad hat Bill sehr geliebt. Monate nach dem Flugzeugabsturz lenkte er das Auto eines Tages auf den Seitenstreifen. Gedanken an Bill hatten ihn so bewegt, daß er nicht weiterfahren konnte. Wäre ich gestorben, dann hätte er den Verlust genau so bitter empfunden. Das gibt mir das Gefühl, geliebt zu werden.

Doch als ich Dads Brief an Bill las, fiel mir auf, daß seine Gedanken weniger darum kreisten, wie sehr er Bill vermißte, als darum, daß Bill nun bei Christus ist. Mehr als einmal ist sein Blick mitten im Gespräch mit mir abgeschweift, als blicke er in eine andere Welt, und mit leiser, ehrfürchtiger Stimme sagte er: «Wenn ich daran denke, daß Bill ihn wirklich gesehen hat... Wie muß das sein?»

Einmal fuhr er fort: «Wir begehen einen Fehler, wenn wir versuchen uns vorzustellen, wie Christus als Mensch aussah. Die Bibel verrät uns nichts davon. Wenn wir ihn sehen, dann werden wir ihn an seinem Wesen erkennen, nicht, weil er einem Bild ähnlich sieht, das wir uns von ihm gemacht haben. Sein wirkliches Aussehen wird ein Abglanz seines Wesens sein. Nicht einmal die Nägelmale in seinen Händen sind nötig. Die Wirkung, die von seiner Person ausgeht, wird ihn unverkennbar machen.»

Manchmal ergehen wir uns in Erinnerungen an Bill. Doch

die Gespräche führen regelmäßig zu Christus, nicht, weil wir mit den schmerzlichen Erinnerungen anders nicht fertig würden, sondern weil wir zu dem Einen hingezogen werden, der dem Tod seinen Stachel genommen hat. Wäre ich gestorben, dann würden die Gespräche in dieselbe Richtung gehen, fort von mir, hin zu Christus. Und das weist mir den rechten Platz zu.

Am Tag der Beerdigung fuhr ich zum Friedhof. Rachael saß neben mir auf dem Beifahrersitz, meine Eltern saßen hinten. Während der einstündigen Fahrt meinte Vater: «Ich glaube, es wäre nicht schlimm, wenn wir heute auch über etwas Lustiges lachen könnten. Der Schmerz ist da, aber der Tod wird nicht siegen. Wir könnten einen Witz erzählen, ohne leichtfertig oder ehrfurchtslos zu sein, denn der Grund unserer Freude besteht noch immer. Auch im größten Schmerz kann man fröhlich sein. Der Verlust ist zwar groß, aber die Geschichte nimmt ein gutes Ende.»

Beziehungen sind für meinen Vater immer wichtig gewesen, aber am wichtigsten war für ihn eine unsichtbare Beziehung. Vielleicht wäre das eine gute Zusammenfassung wahrer Elternschaft: Laßt eure Kinder spüren, daß sie geliebt werden, aber setzt sie nie an Gottes Stelle. Dieser Platz kann mit niemandem geteilt werden.

Diese Haltung meiner Eltern war es auch, die Bill dazu brachte, sein Leben zu ändern. Wenn er ein Kapitel in diesem Buch schreiben könnte, dann würde er uns seine Geschichte erzählen. Statt dessen will ich es an seiner Stelle tun. Ich denke, ich kenne ihn gut genug, um es zu versuchen.

Ich weiß nicht, warum ich dem Herrn so lange ausgewichen bin, aber ich weiß, was mich zu ihm zurückbrachte. Eines Abends, ich war Anfang dreißig, ging ich noch spät durch unseren Flur. Phoebe war schon im Schlafzimmer, und Caryn und Curtis, fünf und drei, lagen in ihren Bettchen. Ich blieb vor Caryns Zimmer stehen, dann vor Curtis'. Ich öffnete die Türen und betrachtete die Kinder. Meine Kinder, meine Tochter und mein Sohn.

Wie ein Blitz traf mich plötzlich die Erkenntnis, daß sie eines Tages erwachsen sein würden. Sie würden überlegen, was sie glauben und wie sie leben sollten. Und mir ging auf, daß ich ihnen nichts zu sagen hatte. Ich wußte ja selbst nicht, was ich vom Leben hielt. Mir wurde kalt, ich bekam Angst und fühlte mich allein. Ich hatte mich nie klar für Christus entschieden, ich hatte keine Beziehung zu ihm. Ich hatte nichts, was ich an meine Kinder hätte weitergeben können.

In jener Nacht wuchs in mir das Verlangen, die Wahrheit zu suchen, etwas Echtes, etwas, woran ich glauben und wofür ich mein Leben einsetzen konnte. In den Wochen und Monaten, die darauf folgten, waren es zwei Gedanken, die mich nicht losließen, zwei Gedanken, die beide um meine Eltern gingen.

Der erste war folgender: *Sie haben mich nie aufgegeben.* Grund genug hätte ich ihnen gegeben. Jahrelang habe ich mich gegen ihre Grundsätze aufgelehnt und mich nur darum gedreht, möglichst viel aus dem Leben herauszuholen. Ich habe ihnen das Leben wirklich schwergemacht, aber nie hatte ich das Gefühl, sie würden mich ablehnen. Ihre Liebe war größer als der Schmerz, den ich ihnen zufügte. Sie wurden böse, manchmal waren sie entsetzt, aber nie haben sie mir etwas nachgetragen. Nie haben sie mich aufgegeben.

Der zweite Gedanke ist genauso klar. *Meine Eltern haben sich Christus ausgeliefert.* Und diese Bindung an ihn steht im Mittelpunkt ihres Lebens, sie ist stärker als ihre Bindung an mich. Jemand anders war in ihrem Leben wichtiger als ich, und irgendwie hat sie das befähigt, auch mit mir fertig zu werden. Ich wußte immer, egal was ich tun würde, sie würden Christus treu bleiben. Es steht nicht in meiner Macht, sie davon abzubringen.

Diese beiden Gedanken haben mich sehr bewegt. Ich glaube nun, daß Gott die ausdauernde und nicht zu erschütternde Liebe meiner Eltern zu mir dazu benutzt hat, um in mir das Verlangen nach seiner Gnade wachzurufen. Und er benutzte ihren unbeugsamen Glauben, um mir vor Augen zu stellen, daß es etwas Größeres gibt als mich selbst, für das es sich zu leben lohnt.

Ob ich mich damals, Anfang dreißig, bekehrte oder zu Christus zurückkam, kann ich nicht sagen. Aber, wie ich Dad so oft sagen hörte, die entscheidende Frage lautet: Worauf stütze ich mich jetzt, um ewiges Leben zu haben? Und ich weiß, meine Antwort ist das Werk, das Christus für mich vollbracht hat.

Ich denke, wir alle kennen Zeiten, in denen wir zu Gott schreien und ihn an Dinge erinnern, die er unserer Meinung nach bereuen müßte. An den beiden Gedenkgottesdiensten für Bill wurde klar, daß Gott meinen Bruder vollmächtig gebraucht hatte, um anderen Menschen zu helfen. Aber hätte er nicht mehr von Bill gehabt, wenn er ihn noch zwanzig Jahre hätte leben lassen?

Und Phoebes Kummer: Gibt es etwas Schlimmeres als das Leid einer Witwe? Bills zwei Kinder, inzwischen junge Erwachsene, haben keinen Vater mehr, der ihnen noch so viel vom Glauben und vom Leben zu sagen gehabt hätte.

Meine Eltern, beide über siebzig, als Bill starb, sind von seinem Tod erschüttert worden wie noch nie zuvor in ihrem Leben. Und ich habe gleichzeitig einen Bruder und einen guten Freund verloren.

Manchmal schüttele ich den Kopf und rufe: «Bill, ich wünschte, du wärest hier. Herr, warum hast du ihn von uns genommen?» Aber weder mein noch Dads inständiges Flehen können Gott dazu bewegen, sein Handeln zu bereuen. Und das aus gutem Grund. Er hat keinen Fehler gemacht.

Wenn ich lese, wie mein Vater mit dem Tod seines ältesten Sohnes umging, dann hilft es mir zu sehen, daß unsere Reaktionen nicht immer «schön» sein müssen. Doch wenn sie ehrlich sind und wir darüber zur Ruhe kommen, daß Gott trotzdem gut ist, dann wird er uns auch durch die dunkelsten Täler unseres Lebens tragen. Er gibt uns nicht auf, und er verfolgt einen Plan, der viel umfassender ist, als wir jetzt erkennen, einen Plan, von dem auch wir einst werden sagen können, daß er wunderbar ist.

KAPITEL

8

Ich wünschte, ich könnte ihr sagen, wie sehr ich sie liebe

Dad und Mutter ein Jahr vor ihrer
Hochzeit, Frühling 1937

Sechzig Königinnen sind es ..., aber eine ist meine Taube, meine Reine, die Einzige ...
Hoheslied 6,8-9

Die Erinnerungen meines Vaters ...

Es ist schon spät am Abend. Meine Frau, Isabel, ist auf dem Sofa im Wohnzimmer eingeschlafen, während ich neben ihr im Sessel sitze. Das Buch fällt mir aus den Händen, und ein altes Liebeslied geht mir durch den Kopf:

Von Schmerz und von Ängsten
wird Liebe beschwert,
doch die Zeiten des Glücks
sind das Tränental wert.

Ich sitze hier und betrachte diese Frau, die so sehr ein Teil von mir selbst ist. Wir sind ein Fleisch, etwas, das Gott zusammengefügt hat.

Kann es wirklich schon zweiundfünfzig Jahre her sein, daß wir sagten: «Ich will»? Ich bin zu müde, um genau nachzurechnen, aber wir haben jetzt 1990, also muß es in etwa stimmen.

Als alles begann, war ich ein erfahrener junger Mann von einundzwanzig Jahren. Wer könnte etwas gegen die Reife der Jugend sagen? «Wir fünf» hielten noch immer eng zusammen, wir lebten noch immer in der Baynton-Street und besuchten den Germantown-Versammlungssaal, obwohl er sich inzwischen in einem neuen Gebäude befand. An einem Sonntag morgen sah ich mich um und entdeckte eine neue Familie. Mit drei Töchtern!

Der Gottesdienst war zu Ende, und ich machte mich wie

üblich daran, die Gesangbücher einzusammeln. Mein Arbeitsfeld war der rechte Flügel. Irgendwie gelang es mir, mit Al zu tauschen, der für die mittleren Reihen zuständig war und damit auch für die Bank, in der die Mädchen saßen. Wie ein wortgewaltiger Held, wagte ich ein schüchternes «Hallo» und erntete ein interessiertes Kopfnicken von der einen, auf die es mir ankam, der ältesten, Isabel.

Von da an begann die Sache sich rasant zu entwickeln. Ich hatte die Zuständigkeit für die mittleren Reihen, in denen wir uns zuerst begegnet waren, nun auf Dauer übernommen, und aus dem anfänglichen «Hallo» wurde eine brillante Unterhaltung. «Schöner Tag heute, nicht wahr?»

«Ja, wirklich.»

«Wohnt ihr in der Nähe?»

«Ja, nicht allzuweit fort.»

Wunderbar, wie solche nichtssagenden Worte an Bedeutung gewinnen können.

Dann traf ich Isabel unerwartet in Snellenbergs Kaufhaus mitten in Philadelphia. Sehr viel später erzählte sie mir, daß sie ein paar sehr weibliche Artikel hatte kaufen wollen und sich vor männlichen Augen damit geschämt hätte. Statt ihre Einkäufe fortzusetzen, sagte sie damals, sie habe nicht gefunden, was sie suchte.

Ich hatte natürlich völlig vergessen, weswegen ich in der Stadt war. Wir fuhren gemeinsam mit Bus und Untergrundbahn zurück. Ich erinnere ich mich noch, wie ich meine Barschaft überprüfte und großartig eine Ein-Dollar-Note hervorzog (die einzige, die ich besaß), um für uns beide zu zahlen. Ich war unbekümmert, der drohende finanzielle Ruin konnte mich nicht erschüttern. Ich überlegte sogar, ob wir in einem der Läden, an denen wir vorbeikamen, ein Sodawasser trinken sollten, aber da mein Geld nur für ein Glas gereicht hätte, widerstand ich tapfer der Versuchung.

Das war in den Jahren der Depression, jener langen Talfahrt unserer Wirtschaft, die 1929 mit dem Zusammenbruch der Börse begonnen hatte. Meine Arbeit in der Niederlassung der Maytag-Company in Philadelphia brachte mir nur wenig ein, dennoch war es für die Familie eine große Hilfe. Nachdem mein Bruder Cecil geheiratet hatte und ausgezogen war, war ich nun der einzige Verdiener.

Ich verließ Maytag und eröffnete mein eigenes Geschäft in Cortland, New York. Zwei Jahre später, schuldenfrei, kam ich zurück nach Philadelphia. Isabel wartete auf mich.

Ich fand eine Anstellung bei der Niederlassung eines größeren Betriebs. Und nun war es an der Zeit, um Isabels Hand anzuhalten und ihre Eltern um ihre Erlaubnis zu unserer Verbindung zu bitten. Wir konnten noch nicht sofort heiraten, da meine finanziellen Verhältnisse ziemlich trübe aussahen. Doch nachdem ihre Eltern ihr Einverständnis gegeben hatten, kaufte ich einen Verlobungsring. Es war ein großer Moment, als ich ihn an Isabels Finger stecken konnte. Und ich hatte dafür einen besonders romantischen Ort ausgesucht: den Klappsitz im Auto meines Bruders.

Später hatten wir eine einfache Hochzeitsfeier in Isabels Wohnzimmer. Prediger war Harold Harper, der Mann, der mich dazu bewegt hatte, Jesus mein Leben zu übergeben. Auf meine Bitte stellte er uns nur solche Fragen, auf die man mit nicht mehr als zwei Worten antworten konnte. Zu mehr wäre ich nicht fähig gewesen. An die Hochzeitszeremonie selbst kann ich mich kaum mehr erinnern. Ich sagte: «Ich will», steckte den Ring an den Finger meiner frischgebackenen Ehefrau, hörte Harold Harper sagen: «Damit erkläre ich euch zu Mann und Frau» und nahm daraufhin die Glückwünsche von Familie und Freunden entgegen. Der Rest verschwimmt wie im Nebel.

Doch wenn ich jetzt zurückdenke, dann fällt mir ein, daß ich mich angesichts der Endgültigkeit jener Worte: «Damit erkläre ich euch zu Mann und Frau» etwas unbehaglich fühlte. Oh, ich hätte es noch einmal getan. Nach fünf Jahren des Wartens hatte ich keine unüberlegte Entscheidung getroffen. Das Unbehagen rührte nicht daher, daß wir uns nicht sicher gewesen wären. Aber wir hatten uns der harten Wirklichkeit zu stellen, die uns nach den Flitterwochen erwartete.

«Mann und Frau.» Dauerhaftes Einssein. Wir hatten oft davon gesprochen. Wir würden in unserer Ehe alles teilen, ein gemeinsames Bankkonto haben, keinen Unterschied machen zwischen «mein» und «dein». Nicht einen Augenblick habe ich unsere Verbindung bereut, aber die volle Tragweite dessen, was ich damals einging, lastete in jenem Augenblick vor so vielen Jahren schwer auf mir. Ich hatte das Problem schon lange vorher dem Herrn hingelegt, doch jetzt schien er besonders klar und eindringlich davon zu sprechen, was er über diese neue Beziehung dachte. «Ihr Männer, liebt eure Frauen, wie auch Christus die Gemeinde geliebt hat und hat sich selbst für sie dahingegeben» (Eph. 5,25). Wenn Gott eine Ehe ansieht, dann sieht er das Bild von Christus und seiner Braut, der Gemeinde. Ich wußte, ich würde dieses Bild verderben.

Wenn ich Isabel jetzt so ansehe, wie sie auf dem Sofa liegt und schläft, dann denke ich daran, wie ich ihr den ersten Kuß gegeben habe. Ich hatte sie von einer Veranstaltung nach Hause gefahren und wollte ihr gerade wie üblich gute Nacht sagen, als mir ein geradezu tollkühner Gedanke kam. Das war noch ziemlich am Anfang unserer Freundschaft. Aber wie viele meiner Freunde hatten schon mit ihren Küssen beim ersten Rendezvous geprahlt! Beim ersten Rendezvous? Was stimmte bei mir nicht? So holte ich tief Luft und fragte: «Darf ich dir einen Gute-Nacht-Kuß geben?» Es kam keine Antwort. Vielleicht hatte sie mich nicht gehört. Doch nun hieß es jetzt oder nie. Es war ein Meilenstein. Dann sah sie auf, und fast hätte ich alles verdorben. War das ein Ja? Ich wußte es nicht. Schließlich beschloß ich, sie zu küssen und es herauszufinden. Es war der längste und der kürzeste Gute-Nacht-Kuß, an den ich mich erinnern kann.

Irgendwo habe ich einmal gelesen, daß «allein die Beziehung zu Gott eine Erfahrung ist, die immer schöner wird. Alle anderen Beziehungen sind ein Gemisch verschiedenster Gefühle, von Erfüllung bis zu Enttäuschung.» Auch der am glücklichsten verheiratete Mensch kann das nicht leugnen. Dennoch aber sind in der Liebe «die Zeiten des Glücks das Tränental wert».

Lieder, Gedichte, die Sprache der Liebe, all das gehört in eine Ehe. Doch wir sollten der Neigung widerstehen, ein allzu rosiges, idyllisches Bild zu zeichnen. «Zwischen uns ist nie ein böses Wort gefallen. Unsere Ehe war von A bis Z glücklich.» So etwas zu glauben, fällt mir schwer.

Unsere Ehe, die eine sehr gute war, hat Mißverständnisse, Tränen und Worte, die weh tun sollten, überdauert. Aber wer kann sich über das Wunder der Versöhnung freuen, wenn er nicht weiß, warum sie nötig wurde?

Haben wir je an Trennung oder Scheidung gedacht? Haben wir nach einfachen Auswegen gesucht: «Geh du deinen Weg, und ich gehe meinen»? Nein, nie.

Wenn ich weiter oben sagte, «nicht einen Augenblick habe ich unsere Verbindung bereut», dann habe ich jedes Wort so gemeint. Sicher, auch bei uns gab es Momente des Zorns und der Ungeduld, aber ich kann mich nicht entsinnen, je gedacht zu haben, unsere Ehe sei ein Fehler oder ich hätte vielleicht die falsche Frau geheiratet. Wenn jemand uns fragen würde: «Würdest du diese Frau, würdest du diesen Mann wieder heiraten?», dann gäbe es nur eine Antwort: «Ja, natürlich! Wir lieben uns.»

Was heißt es, einander zu lieben? Einander zu lieben, das heißt, in den mächtigsten Gefühlen zu versinken, von den stärksten Gefühlen umgeben zu sein. Es heißt, am eigentlichen Wesen Gottes teilzuhaben. «Gott *ist* die Liebe» (1. Joh. 4,8).

Doch darüber hinaus sind wir, wenn wir in der Liebe bleiben, auch «in Christus». «In Christus», das ist keine leere Phrase. Jeder Glaubende ist hineingetaucht und umgeben von dem Einen, der irgendwie selbst Menschengestalt annahm. Und dann geht es noch einen Schritt weiter: *in der Liebe, in Christus, in Gott.* «Denn ... euer Leben ist verborgen mit Christus in Gott» (Kol. 3,3). Das alles gehört dazu.

Die wunderbare Tatsache, daß wir in der Liebe, in Christus, in Gott sein dürfen, wird mit dem Bild der höchsten irdischen Beziehung umschrieben: der Ehe. Paulus nennt sie ein Geheimnis und vergleicht sie mit dem Geheimnis der Einheit von Christus und seiner Gemeinde (Eph. 5,32).

Doch selbst dieses Bild der Ehe kann nicht einfangen, was das eigentliche Wesen dieser Einheit ist, einer Einheit und eines Einsseins, die wir hier nie vollkommen erfahren werden.

Was zieht einen Mann zu einer Frau hin, was zieht eine Frau zu einem Mann? Ich denke, daß der wahre Ursprung jener tiefen Liebe, die für eine Ehe nötig ist, darin liegt, daß wir einen Teil des göttlichen Wesens in uns tragen. Wir sind nach seinem Bild geschaffen. Wir sind auf Beziehungen angelegte Geschöpfe eines Beziehungen schaffenden Wesens.

Was uns zueinander hinzieht, ist mehr als irgendwelche Tugenden, körperliche Schönheit oder unsere Fähigkeiten und Talente. Es ist mehr als Simsons oberflächliches Verlangen, der zu seinen Eltern sagte: «Nehmt mir diese zur Frau; denn sie gefällt meinen Augen» (Richter 14,3). Sein «Gefallen» an der Frau machte ihn sicher nicht zu einem wünschenswerten Lebenspartner. Die Grundlage einer guten Ehe besteht aus weit mehr als nur einem «Gefallen». Wer sagt, sie gefällt mir, nehmt sie mir zur Frau, der sagt: «Solange sie mir gefällt, ist sie gut genug.»

Das göttliche Vorbild für die Ehe – Christus und seine Braut – spricht eine tiefere Schicht unseres Herzens an. Christus liebte die Gemeinde und gab sich selbst für sie hin. Damit hat er den Maßstab gesetzt. Der andere steht im Mittelpunkt, und wir sollen uns mit allen Fasern unseres Wesens für das Wohlergehen des einen Menschen, den wir lieben, einsetzen.

Das Wesen einer guten Ehe, daß zwei ein Fleisch werden, ist von oben gegeben. Isabel und ich bleiben *in der Liebe, in Christus, in Gott.*

Noch immer betrachte ich meine schlafende Frau. Ich wünschte, ich könnte ihr sagen, wie sehr ich sie liebe. Oh, ich habe es versucht, aber Worte sind oft so mangelhaft. Das alte Lied, das für meinen Vater galt, gilt auch für mich:

Ich plane schöne Reden,
wenn ich nicht bei dir bin.
Doch bist du da, dann kommen
sie mir nicht mehr in den Sinn.

Drum nimm die schönsten Sätze,
die auf der Welt es gibt,

und stell' dir vor, du hörtest sie
von dem Manne, der dich liebt.

Isabel, ich liebe dich.

... und die Gedanken eines Sohnes ...

Mein Vater ist ein sehr intensiv empfindender Mensch. Beim gemeinsamen Schreiben dieses Buches habe ich das deutlicher erleben können als je zuvor. Wie den meisten Männern fällt es ihm allerdings nicht leicht, seine tiefsten Gefühle zum Ausdruck zu bringen. Doch sie sind da, und es ist für ihn einfacher, darüber zu schreiben als zu reden.

Auch mir fällt es schwer, über gewisse Dinge zu reden, doch äußert sich das in anderer Form. Ich kann mein Herz eher vor einer großen Menge öffnen als vor einem einzelnen Menschen. Der Blickkontakt mit dem Publikum erscheint mir weniger bedrängend als die Blicke einer einzelnen Person. Ich muß darum nicht besonders betonen, daß aufgrund dieser Verschiedenheiten gewisse Formen des gesprochenen Austauschs zwischen meinem Vater und mir nur selten zustande kommen.

Vor einigen Jahren unternahmen wir gemeinsam eine Wanderung durch eine wunderbare Felsschlucht. Die Umgebung schien wie geschaffen für tiefschürfende Gespräche.

Wir hatten gerade die Aussprache eines gemeinsamen Freundes gehört, der von seinem schwierigen Weg durch persönliche Krisen hin zur Reife erzählt hatte. Es war ein sehr bewegender Bericht gewesen. Oder hätte es sein können. Zwar hatte man gespürt, daß er mit ganzem Herzen dabei war, aber irgend etwas hatte gefehlt. Obwohl ich den Mann kannte und ihn ein Stück auf seinem Weg begleitet hatte, hatte sein Vortrag mich nicht allzusehr angesprochen.

Als Dad und ich an einem rasch dahinfließenden Gebirgsbach eine Pause einlegten, sagte ich: «Das war ein toller Vortrag, nicht wahr? Er hat sich wirklich nicht gescheut, die Dinge beim Namen zu nennen. Aber ich bin überrascht, daß es mich nicht betroffener gemacht hat. Ich hätte gern mehr dabei empfunden. Aber ich fand es großartig, wie offen er von sich und seinen Gefühlen gesprochen hat.»

Zögernd fuhr ich fort: «Weißt du, manchmal frage ich mich, ob wir in unserer Familie so offen miteinander reden, wie wir es eigentlich sollten. Ich weiß, daß wir einander alle sehr gern haben, aber wir reden nicht oft davon.»

Dad antwortete nicht. Sein Gesicht nahm den vertrauten Ich-denke-nach-Ausdruck an. Nach ein paar Sekunden erwiderte er: «Meinst du nicht, daß die Leute heute viel zu sehr versuchen, ihre Gefühle in Worte zu fassen? Manchmal frage ich mich, ob sie damit nicht versuchen, etwas herbeizureden, was sie eigentlich gern empfinden wollten, was aber nicht da ist.»

Er schwieg, dann fuhr er fort: «Die tiefsten Empfindungen, die zwischen zwei Menschen bestehen, lassen sich nicht in Worten ausdrücken.»

Mein Vater liebt Zwiegespräche. Er erwartet nicht, daß man seiner Meinung ist, doch in den meisten Fällen stimme ich ihm zu. Ich achte seine Weisheit. Und wenn ich ihm widerspreche, dann nicht leichtfertig.

Doch bei diesem Thema, dem Zeigen von Gefühlen, bin ich anderer Ansicht. Vielleicht werde ich, wenn ich einmal so alt bin wie er, auch sparsamer mit meinen Worten umgehen. Doch lieber möchte ich nach einem gesunden Mittelweg zwischen zu viel und zu wenig Gefühlsäußerung suchen. Seine Generation hat, denke ich, zu wenig geredet. Meine spricht zu viel. Wir sollten, vor allem in der Ehe, beide Extreme vermeiden und diesen Mittelweg suchen.

Doch wie sähe er aus? Müßte er für jede Generation neu definiert werden? Haben Rachael und ich unsere Wünsche, Freuden und Probleme einander deutlicher mitgeteilt als Mutter und Dad in dem halben Jahrhundert ihrer Ehe? Und wenn ja, war das gut, oder sind wir einfach den gerade aktuellen Kenntnissen der modernen Psychologie erlegen?

Muß jedes Ehepaar seinen eigenen Mittelweg finden, der vielleicht in jedem einzelnen Fall, je nach gesellschaftlichem

Hintergrund und Generation, anders auszusehen hat? Oder gibt es einen Maßstab, an dem Ehepartner die Offenheit in ihrer Ehe messen, nach dem sie sich ausrichten können? Die Paare, die eine solche Vertrautheit ausstrahlen, daß ich sie darum beneide, sind, denke ich, weit öfter durch tiefe Zuneigung, gemeinsam ertragene Schwierigkeiten und durch persönliche Reife zusammengewachsen als durch mutige Verwundbarkeit oder Austausch in erzwungener Offenheit.

Gott zu kennen und ihm immer ähnlicher werden zu wollen scheint weit wichtiger, als über Gefühle zu reden. Und doch hat auch die Offenheit, wie das Entkleiden, in der Ehe ihren Platz.

Heute morgen mußte ich zum Check-up zu einem Kardiologen. Ein paar beunruhigende Symptome – Schmerzen in der Brust, Beschwerden im linken Arm, ungewöhnliche Müdigkeit – hatten meinen Hausarzt veranlaßt, einmal eine genauere Untersuchung meines Herzens anzuordnen. Wir rechneten zwar nicht mit schlechten Nachrichten, wußten aber auch, daß es keine Garantien gibt. Ich hatte trotz allem leichte Bedenken. In meinem Alter und bei meinen Belastungen muß man auf einen Herzinfarkt gefaßt sein.

Als ich mich zum Gehen fertigmachte, wurde mir plötzlich bewußt, wie sehr ich mir eigentlich wünschte, Rachael würde mitkommen. Wenn ich negative Nachrichten hören sollte, dann wollte ich, daß *sie* dabei war, niemand anders.

Doch ich zögerte, es ihr zu sagen. Warum? Fürchtete ich, sie würde nicht mitkommen wollen, oder vielleicht nur widerwillig? Wollte ich nicht bedürftig erscheinen? Kam ich mir vor wie ein Kind, das die Mutter bittet, seine Hand zu halten, während der böse Doktor seine Nadel in den Arm bohrt?

Ich entschied, es sei an der Zeit, meine Wünsche zu äußern, zu sagen, was ich wollte; zuzugeben, was ich mir wünschte, und nicht zu verschweigen, wie sehr mir daran gelegen war. Ich nahm also allen Mut zusammen und sagte: «Ich wäre wirklich froh, wenn du mit mir in die Klinik kommen könntest.»

Sofort sprang Rachael aus dem Bett und erwiderte: «Ich bin in fünf Minuten fertig.» Später stellte der Arzt fest, daß mein Herz gesund ist. Als ich das Untersuchungszimmer verließ, noch ein bißchen verschwitzt, konnte ich meiner gespannt wartenden Frau die gute Nachricht mitteilen. Dieser Moment ist mir so wichtig geworden. Wir sagten nichts, aber wir verstanden uns.

Wichtige Momente gemeinsam zu erleben, das schafft Verbindung. Doch um diese Gemeinsamkeit pflegen zu können, ist es nötig, daß wir unsere Wünsche erkennen und voreinander zum Ausdruck bringen. Wir dürfen nicht verlangen, daß der andere sofort entsprechend reagiert; dennoch aber sollten wir klar sagen, was wir wünschen.

Daneben sollten wir es lernen, noch eine zweite Empfindung mitzuteilen: die Freude. Nicht jene oberflächliche Fröhlichkeit, die zu harmlosen Scherzen oder unbesonnenen Nichtigkeiten führt, sondern *Freude*, jenes stille, unbesiegbare Gefühl, das aus der Erkenntnis erwächst, daß unser Herr die Welt überwunden hat. Echte Freude gehört in die Gemeinschaft. Sie muß geteilt werden. Aber es fällt mir viel schwerer, meiner Frau zu sagen, daß es mir gutgeht, als daß ich mich mies fühle.

Unlängst hatte ich eine seit langem fällige harte Entscheidung zu treffen. Ich rang mich schließlich dazu durch, als mir aufging, welche Konsequenzen es haben würde, wenn ich sie noch länger vor mir herschob. Die Entscheidung machte mir einmal mehr bewußt, daß Gott an einer größeren Geschichte schreibt, und erfüllte mich mit Freude. Mir war, als sei eine Last von mir genommen. Die innere Unruhe machte einem neuen Frieden Platz, und ich konnte wieder gut schlafen, was bei mir nur selten vorkommt.

Am nächsten Morgen beim Aufwachen fühlte ich mich frisch und ausgeruht. Mir war so wohl, daß ich unter der Dusche ein paar Lieder schmetterte. Meine Frau hörte den Lärm (es blieb ihr auch nichts anderes übrig), und als ich mit dem Badelaken um die Hüften ins Schlafzimmer zurückkam, meinte sie: «Hört sich an, als hättest du gut geschlafen.»

Sofort schien meine gute Laune einen Dämpfer zu erhalten. Automatisch wollte ich erwidern: «Ach ja, nicht schlecht. Besser als sonst, glaube ich.»

Aber das stimmte nicht. Ich hatte nicht nur besser geschlafen als sonst, sondern *phantastisch*! Warum konnte ich das nicht sagen? Sehe ich mich gern in der Rolle des bedrückten, müden Kämpfers? Möchte ich, daß sie sich um mich Sorgen macht? Oder habe ich Angst, sie könnte mein Wohlbefinden ausnutzen und erwarten, daß es mir den ganzen Tag gutgeht?

Ich weiß wirklich nicht, wieso es einfacher gewesen wäre, zu sagen «nicht schlecht». Aber ich glaube, wir sollten es auch zum Ausdruck bringen, wenn wir uns freuen. Ich riß mich also zusammen und gestand die Wahrheit: «Liebling, ich habe phantastisch geschlafen. Es geht mir wirklich gut.» Sie strahlte. Ich wünschte, ich gäbe ihr öfter Gelegenheit, sich mit mir zu freuen.

Und ich denke, es gibt noch ein drittes Gefühl, das wir miteinander teilen sollten, nämlich unsere Kämpfe. In jeder Ehe gibt es ein paar Standardreibungspunkte, Beziehungsmuster, die regelmäßig auftauchen und Spannungen hervorrufen. Rachael und ich kennen einen solchen Reibungspunkt: Es gelingt uns nur selten, unsere Enttäuschung übereinander so zum Ausdruck zu bringen, daß der andere sich nicht angegriffen oder unter Druck gesetzt fühlt.

Warum fühlen wir uns so leicht attackiert? Wir haben es nie bereut, einander geheiratet zu haben, und wir haben uns nie einen anderen Ehepartner gewünscht. Warum gehen die Kämpfe dann weiter?

Ich weiß es nicht, und ich rechne auch nicht damit, es je ganz herauszufinden. Aber ich weiß, daß wir beide keine Konflikte mögen. Deshalb neigen wir dazu, unsere Enttäuschungen und Probleme für uns zu behalten. Wieso eine Auseinandersetzung riskieren? Es ist leichter, gewisse Dinge gar nicht erst zur Sprache zu bringen.

Aber dann entsteht ein Graben zwischen uns, und manchmal wächst der Zorn: «Wenn ich nicht einmal mit meinem eigenen Ehepartner über meine Probleme reden kann, mit wem dann?»

In den siebenundzwanzig Jahren unserer Ehe haben wir es jedoch auch gelernt, über Dinge, die in den ersten Tagen heftige Debatten ausgelöst haben, hinwegzusehen. Wir entdecken, daß die Liebe, wenn sie reifer wird, eine größere Menge Sünden zudeckt.

Doch der Wunsch, sich aneinander und gemeinsam freuen zu können, bringt uns manchmal dazu, die strittigen Punkte, die zwischen uns stehen, offen auf den Tisch zu legen. Darüber bin ich froh, denn wenn Menschen nicht mehr miteinander reden, dann rechnen sie eigentlich mit dem Schlimmsten. Und wenn das Schlimmste wirklich wahr ist, dann kann es den Fortbestand einer Beziehung in Frage stellen.

Doch hier geraten die Menschen oft auf das falsche Geleise. Wenn ihnen etwas an ihrer Beziehung liegt und sie den Gedanken, einander zu verlieren, nicht ertragen können, dann fürchten sie sich zuzugeben, daß tatsächlich etwas Entscheidendes nicht in Ordnung ist. Sie schrecken davor zurück, offen und ehrlich darüber zu reden, was in ihren Herzen vorgeht, und entdecken deshalb auch nie, daß unter den Konflikten noch immer die Liebe glüht. Oder sie finden nie heraus, daß die Beziehung tatsächlich tot ist, und führen eine leere Ehe, von der niemand mehr etwas hat, statt alles daran zu setzen, sie wieder in Gang zu bringen.

Jedesmal, wenn Rachael und ich eine unserer trüben Zeiten überwunden haben, wird uns etwas deutlicher bewußt, wie sehr wir einander lieben. Die Auseinandersetzung mit schwierigen Problemen zwingt uns dazu, uns wieder neu an unser Versprechen zu erinnern, zusammenzubleiben, bis der Tod uns scheidet, und die Liebe, die Gott in unsere hartnäckigen Herzen gelegt hat, wieder freizulegen. Das hat dazu geführt, daß wir ein Zusammengehörigkeitsgefühl entwickelt haben, das jedem Sturm trotzen kann, auch wenn der Weg dahin nicht einfach war. Doch es ist nötig, Probleme gemeinsam auszutragen.

Egal, ob ich Wünsche, Freude oder innere Kämpfe zum Ausdruck bringe – immer empfinde ich ein Gefühl der Bedrohung. Es ist ein immerwährender Lernprozeß, mich mitzuteilen, ohne eine Antwort zu fordern, ohne mich darum zu sorgen, ob die Freude andauern wird, ohne meine Frau unter Druck zu setzen, damit sie mich so behandelt, wie ich es wünsche. Doch wenn ich mich *nicht* mitteile, dann schiebe ich der

Nähe einen Riegel vor. Ich blocke ab, es steht etwas zwischen uns. Ich für meinen Teil möchte lieber unangenehme Situationen aushalten, die uns näher zueinander führen, als ihnen auszuweichen und Distanz zu wahren.

Doch Nähe und Vertrautheit entstehen nicht allein durch eine immer bewußtere Gesprächsbereitschaft. Von meinem Vater habe ich gelernt, daß die innigste Vertrautheit zwischen einem Mann und einer Frau einen unvergleichlich tieferen Ursprung hat als miteinander geteilte Gefühle. Eine gute Ehe ist abhängig von der Beziehung zu Gott durch Christus, einer Beziehung, die allein uns frei macht, ein Leben lang zu lieben und es immer besser zu lernen.

Rachael und ich haben einigen Stürmen getrotzt, die mit guten Gesprächen allein nicht hätten bestanden werden können. Viele unserer Probleme konnten wir lösen, weil wir ehrlich und achtungsvoll miteinander reden konnten. Aber bei den wirklich ernsten Kämpfen war mehr gefragt.

Dad sprach von «Worten, die weh tun sollten». Hat er das wirklich so gemeint? Ist er wie ich? Hat auch er ein Herz, das fähig ist, der Frau, die er von allen in der Welt am meisten liebt, weh tun zu *wollen*? Wie kann man mit jemandem in einer vertrauensvollen Beziehung leben, der ab und zu versucht, einem weh zu tun? Rachael und ich haben niemanden sonst so tief und so gemein verletzt, wie wir einander verletzt haben. Aber wir sind noch immer zusammen, und wie Mutter und Dad lieben wir uns. Wie kann das sein?

Manchmal beobachte ich sie, wie sie sich lebhaft mit einer Freundin unterhält, mit einem frohen Winken davonfährt oder einfach nur im Bett liegt, und ich fühle etwas, das ich für niemanden sonst empfinde, etwas, das sich nicht in Worte fassen läßt. Und diese Gefühle rühren nicht nur daher, daß ich sie attraktiv finde. Ich gehöre zu ihr, wir gehen gemeinsam auf einem schwierigen, aber guten Weg, der uns zur Erfüllung aller Wünsche, zu ewiger Freude und völliger Konfliktfreiheit führen wird. An jenem Tag wird es uns keine Mühe bereiten, unsere Gefühle zum Ausdruck zu bringen.

Rachael und ich folgen gemeinsam einem höheren Ruf. Wenn ich auch nur einen Schimmer davon erhasche, was es heißt, *in der Liebe, in Christus, in Gott* zu bleiben, dann verschlägt es mir den Atem. Die Wirklichkeit ist so viel größer als all unsere Ängste und unser Versagen, unsere Streitereien und unsere Unsicherheiten.

Es heißt, Nachahmung sei die aufrichtigste Art der Schmeichelei. Wenn dem so ist, dann müssen meine Eltern achtgeben, daß ihnen das, was sie sehen, nicht zu Kopf steigt. Von ihnen habe ich gelernt, so wie Rachael von ihren Eltern, unsere Ehe auf einem festeren Grund aufzubauen; fester, als miteinander geteilte Gefühle, offene Gespräche oder natürliche Zuneigung ihn je legen könnten. Unsere Liebe wurzelt in Christus, in Gott. Das verschlägt mir manchmal die Sprache. Ich wünschte, ich könnte ihr sagen, wie sehr ich sie liebe, aber die tiefsten Empfindungen, die zwischen zwei Menschen bestehen, lassen sich nicht in Worten ausdrücken.

KAPITEL

9

Wird man mich vermissen?

Dad an seinem achtzigsten Geburtstag, 1992

Ich habe den guten Kampf gekämpft,
ich habe den Lauf vollendet,
ich habe Glauben gehalten.
2. Timotheus 4,7

... damit ich nicht etwa vergeblich liefe oder gelaufen wäre.
Galater 2,2

Die Erinnerungen meines Vaters ...

Wird man mich vermissen, wenn ich einmal sterbe?

Es ist drei Uhr nachts, kaum eine günstige Zeit, um solchen Fragen nachzuhängen. Ehrlich gesagt, weiche ich diesen Gedanken auch lieber aus, doch vor mir liegt ein Heftchen, das ich nicht leichthin beiseite legen kann.

Im Gedenken
an
Dr. William T. Crabb
1940–1991

Es fällt mir schwer, darüber zu schreiben. Der Tod älterer Menschen ist leichter zu akzeptieren, aber dies – dies war wie ein Dolchstoß mitten ins Herz. Bill war doch noch jung. Es scheint erst wenige Monate her zu sein, daß ich mit ihm zur Air-Force-Akademie fuhr, wo er seine mörderische Prüfung mit Auszeichnung bestanden hatte. Nach seinem Abschied von der Air Force schlug er eine neue Laufbahn ein und betätigte sich als biblischer Seelsorger und Therapeut.

Ich wußte, daß Bills Leben nicht umsonst war. Aber wie sehr er von den Menschen, mit denen er zu tun hatte, geschätzt wurde, war mir vor den beiden Gedenkgottesdiensten in Colorado und South Carolina nicht bewußt. Beide zeugten auf bewegende Weise davon, mit welchem Verständnis, mit welchem Mitgefühl er anderen begegnet war. Zwischen diesen beiden Gottesdiensten hielt die Air Force eine Ehrenwache in South Carolina.

Diese drei Anlässe innerhalb nur einer Woche waren gefühlsmäßig sehr anstrengend. Ich denke an Bills Frau, seinen Sohn, seine Tochter, seinen Bruder, seine Mutter und die vielen anderen, die ihn vermissen. Nach seinem Tod erreichte uns eine wahre Flut von Briefen. In einem hieß es: «Bill ist in die Herrlichkeit nach Hause gegangen. Die Engel singen.»

Jemand anders schrieb: «Jesus leitet ja das Unternehmen ‹Versöhnung›, und Bill war bei seinem Heiland beschäftigt. Bills Taten werden nicht vergessen werden, weil sie gemeinsame Beschlüsse dieser Firma waren.»

Aus anderen sprach die Freude: «Wie dankbar sind wir Gott für Bill und sein Leben, seine freundliche, einfühlsame Art, seine Offenheit, wo es um seine persönlichen Kämpfe ging. Er hat vielen, vielen geholfen, und der Herr hat ihn gebraucht, um vielen Heilung und Veränderung zu bringen. Wir haben ihn als Freund und Bruder liebgewonnen.»

Ein anderer Freund dachte an Bill, der nun im Himmel ist, und schrieb an Larry: «Ich habe Deinen Vater beim letzten ‹Ältestengespräch› sagen hören, daß er mit zunehmendem Alter einen Hauch der Ewigkeit verspürt. Ich bin sicher, daß dieser Hauch nun noch spürbarer wird, wo einer seiner Söhne schon dort ist. Ich danke Gott für Bills Dienst.»

Bei den Gedenkgottesdiensten brachten viele zum Ausdruck, wie dankbar sie für Bills Rat in ihrem Leben waren. Das war für Isabel und mich etwas Neues. Wir hatten gewußt, daß Bill in der seelsorgerlichen Beratung tätig war. Doch da er ja jedem Ratsuchenden strengste Vertraulichkeit zusicherte, hatten wir ihn nie nach seiner Arbeit gefragt, und er hatte auch nie mehr als ein paar oberflächliche Bemerkungen dazu gemacht.

Doch bei den beiden Veranstaltungen scheute sich niemand, ob Mann oder Frau, vielfach unter Tränen, davon zu erzählen, was Bill in ihrem Leben bedeutet hatte. Eine junge Frau, die wir gut kannten, verglich sich mit Lazarus und sagte, Bills Verständnis und sein ständiges Hinweisen auf Christus habe sie ins Leben zurückgerufen.

Wenn ich an die Reaktionen der Menschen an Bills Beerdigung denke, dann frage ich mich, ob auch ich einmal vermißt werde, wenn ich sterbe. Darf man eine solche Frage überhaupt stellen? Setzt sie sich nicht über die Anordnung des Paulus, alles zur Ehre des Herrn zu tun, hinweg (1. Kor. 10,31)? Geht es mir wirklich mehr um *meine* Ehre als um die Ehre Gottes? Wo finde ich Antwort? Die Menschen, die mir nahestehen, enge Freunde, würden sicher sagen, daß ich ihnen fehlen werde. Aber was ist mit den anderen?

Ich möchte nicht, daß es mir geht wie König Joram, von dem es heißt: «Zweiunddreißig Jahre alt war er ... und ging dahin unbedauert» (2. Chr. 21,20). Niemand trauerte um ihn.

Oh, natürlich gibt es Menschen, die um mich trauern werden. Aber ich möchte mehr. Wird man mich so vermissen, wie Bill vermißt wird?

Sollte ich etwas dafür tun, daß ich vermißt werde? Möchte ich mehr vermißt werden als andere, die vor mir gestorben sind? Soll ich den Rest meines Lebens damit verbringen, dafür zu sorgen, daß auch nach meinem Tod eine Flut bewegender Nachrufe eintrifft?

Manche Menschen werden mehr vermißt als andere. Doch sich das «Vermißtwerden» zum Ziel zu setzen, heißt, einer egoistischen Beschäftigung mit sich selbst Tür und Tor zu öffnen. Hat Bill je einen Gedanken daran verschwendet, wie viele Menschen einmal zu seiner Beerdigung kommen würden? Gewiß nicht! Und darin besteht das Geheimnis eines Gott wohlgefälligen Lebens.

Einerseits ist es eine sehr selbstsüchtige Angelegenheit, darauf hinarbeiten zu wollen, daß man einmal vermißt wird. Andererseits ist es wichtig, persönliche Beziehungen zu pflegen, die dann sicher auch dazu führen werden, daß man uns vermißt.

Jedes «Vermissen», jede Trauer ist, wie die Freude, eine sehr persönliche Angelegenheit. Wie sehr vermisse ich meine

Mutter, meinen Sohn, meine Schwester, meinen Bruder und meinen Vater, auch wenn ich ihn kaum gekannt habe.

Natürlich spreche ich mit anderen Menschen über meinen Kummer; zusammen mit Isabel und der Familie denken wir oft an Bill. Doch am tiefsten empfinde ich ihn, wenn ich mit Gott allein bin und mit ihm über Bill rede. Ich stelle fest, daß der Verlust meines ältesten Sohnes einen Schmerz hervorruft, der erst dann schwinden wird, wenn wir uns wiedersehen. Doch selbst unter Tränen danke ich Gott für die vielen Gelegenheiten, bei denen wir zusammensein, bei denen wir eins sein durften. Ich war Bill wichtig, und Bill war mir wichtig.

Vier Tage ist es her, seit ich diese Gedanken niedergeschrieben habe. Während ich sie noch einmal durchlese, beginne ich erneut, ihre Endgültigkeit in Zweifel zu ziehen. Ja, ich möchte, daß man mich vermißt, Egotrip hin oder her. Ein Tod wie der eines Königs Joram läßt mich erschauern. Andererseits möchte ich nichts dazutun, damit mein Tod als tragischer Verlust empfunden wird.

Die Lösung besteht darin, daß Gott selbst mein Handeln bestimmen muß, damit ich es einmal wert bin, wirklich vermißt zu werden. Paulus sagt: «Schaffet, daß ihr selig werdet, mit Furcht und Zittern. Denn *Gott ist's, der in euch wirkt* beides, das Wollen und das Vollbringen, nach seinem Wohlgefallen» (Phil. 2,12-13). Nur in dem Maß, wie Gott in mir wirkt, kann ich wollen und vollbringen, was ihm wohlgefällt. Einziges Ziel meines Handelns sollte es sein, ihm wohlzugefallen, nicht, von den Menschen vermißt zu werden.

Wird man mich vermissen? Ja, doch nur in dem Maß, wie die Menschen in mir Christus haben erkennen können. Paulus sehnte sich danach, daß Gott «seinen Sohn offenbarte» in ihm (Gal. 1,16). Achten wir auf die Reihenfolge. Gott offenbart sich *in seinem Sohn*, dann offenbart er sich *in uns*, wenn wir ihn in uns «beides, das Wollen und Vollbringen, nach seinem Wohlgefallen» wirken lassen. Wenn ich nur einem Menschen etwas bedeuten kann, weil ich meinen Platz in dieser Abfolge einnehme, in der Gott seinen Sohn in mir offenbart, dann werde auch ich vermißt werden – auch wenn das nicht mein Lebensziel sein sollte.

Die Menschen, die uns wirklich fehlen, sind jene, die einen bleibenden Wohlgeruch hinterlassen. «Der Tod seiner Heiligen wiegt schwer vor dem Herrn [und uns]» (Ps. 116,15).

Wird man mich vermissen? Das ist nicht die entscheidende Frage. Entscheidend ist die Erkenntnis, daß Christus den Tod überwunden und uns ewiges Leben und Unsterblichkeit gebracht hat in einer zukünftigen Welt, in der alle unsere Fragen und unser Kummer keine Rolle mehr spielen werden.

Mein Vater wußte das, als er starb. Darum konnte er meine Mutter mit einem vertrauensvollen: «Pscht! Gott ist da!» trösten. Kenne ich diese Ruhe meines Vaters? Ich habe nur einen flüchtigen Hauch jenes anderen Landes erfahren. Herr, schick mir noch einen Hauch!

Noch während ich rufe, antwortet der Herr mit einer Geschichte, die ich sehr liebe. Ein verstörter Mann fleht unter Tränen: «Mein Sohn liegt im Sterben. Wenn du etwas tun kannst, dann hilf uns.»

Der Herr erwidert: «Wenn du glauben kannst, sind alle Dinge möglich.»

Mit hartnäckiger Ehrlichkeit antwortet der arme Mann: «Ich glaube; hilf meinem Unglauben!» (Mk. 9,24).

Was ist das für ein Glaube? Wie kann der Herr darauf eingehen? Der Mann sagt ja nicht mehr als: «Ich glaube. Zumindest *glaube* ich, daß ich glaube. Hilf mir!» Muß er sich nicht von solch blutleerem Vertrauen abwenden? Doch die Geschichte berichtet weiter, daß er diesen so wenig überzeugten Hilferuf, der von seiner Bedingung «wenn du glauben kannst» noch so weit entfernt ist, ernst nimmt.

Ja, ich möchte vermißt werden, wenn ich einmal sterbe. Aber wichtiger ist es mir, in der Nähe des Herrn zu bleiben, seine Gedanken zu erforschen, ihm ähnlicher zu werden. Wer ihm ähnlich ist, der wird immer einen bleibenden Wohlgeruch hinterlassen und von anderen vermißt werden.

… und die Gedanken eines Sohnes …

Ich denke nicht gern daran, daß mein Vater sterben könnte. Ich werde ihn vermissen, sehr. Doch manchmal ist es noch schwerer, über sein Leben nachzudenken. Was ich über Vaters Erfahrungen mit Gott und über ihn selbst weiß, hat meine bequemen Vorstellungen vom christlichen Glauben ernsthaft erschüttert.

Vielleicht wäre das gar nicht nötig. Vielleicht ist Dad gar kein gereifter Christ, und ich sollte ihn nicht so ernst nehmen. Denn obwohl er über achtzig Jahre lang nur unter Christen gelebt hat und die meiste Zeit selber Christ gewesen ist, ist er immer noch nicht der Mensch geworden, der er meiner Meinung nach doch mittlerweile sein sollte. Vielleicht sollte ich mir andere Vorbilder suchen, wenn ich etwas über Gott und das Wachsen im Glauben lernen möchte.

Ich wünschte, er würde öfter in glühenden Farben davon reden, wie der Heilige Geist ihn mit grenzenloser Freude erfüllt. Ich wünschte, die Erkenntnis der Wahrheit würde ihn in tiefere Gewißheit führen, so daß er nicht länger mit Fragen und Zweifeln zu kämpfen hätte. Ich wünschte, er könnte sagen, daß die Möglichkeit, anderen ein Zeugnis zu sein, ein wunderbarer Ausgleich für die vielen Dinge ist, die im Alter nicht mehr möglich sind.

Statt dessen erzählt er mir, daß Gott sich in jenen schlimmen Augenblicken nach der Herzoperation nicht gezeigt hat. In jenen zehn Tagen im Krankenhaus hat er nie die wohltuende Nähe Christi gespürt, wie jeder es bei einem reifen Christen, der durchs finstere Tal geführt wird, erwarten würde. Wenn ich das Leben meines Vaters betrachte, dann frage ich mich: Wird Gott sich zeigen, wenn ich leide?

Statt dessen haben sich seine Träume vom Ruhestand – Mithilfe in der Gemeinde, Austausch mit gleichgesinnten Christen über den Reichtum in Christus, Ferien mit seinen beiden Söhnen, deren Frauen und Kindern – nicht verwirklicht. Manche sind kläglich zerbrochen. Auch ich habe Träume. Was wird aus ihnen werden?

Statt dessen quält es ihn, ob er vermißt werden wird, wenn er stirbt, und zwar quälen ihn diese Gedanken während der Beerdigung seines ältesten Sohnes. Ist das nachahmenswert? Ist das ein Zeichen von Reife? Auch mir schießen oft seltsame Gedanken durch den Kopf, und oft in den unmöglichsten Augenblicken. Aber ich dachte, das würde anders, wenn ich erst einmal so alt bin wie er.

Was habe ich zu erwarten? Wie äußert sich Reife? Paulus' Worte machen mir Angst: «Hoffen wir allein in diesem Leben auf Christus, so sind wir die elendesten unter allen Menschen» (1. Kor. 15,19). Heißt das, die einzige Erlösung aus allem Elend ist unsere Hoffnung auf eine andere Welt? Mit welchen Wohltaten von der Hand Gottes kann ich heute rechnen:

- mit seiner tröstlichen Nähe im Krankenzimmer?
- damit, daß ich bis zu meinem Todestag etwas tun kann, was Sinn und Bedeutung hat?
- mit guten Freunden, die immer dann zur Stelle sind, wenn ich mich einsam fühle?
- mit Reife und der frohen Erkenntnis, daß ich Christus jetzt schon immer ähnlicher werde?
- mit edlen Wünschen, die alle niederen Triebe verdrängen?
- mit einer inneren Kraft, die es mir zur zweiten Natur werden läßt, mich anderen Menschen zuzuwenden?

Könnte es wirklich sein, daß Gott mir *keines* dieser Dinge garantiert? Kann ich mich an nichts anderem festhalten als an dem erklärten Wesen Gottes, und muß ich mich auch dann noch an diese Wahrheit klammern, wenn das Leben meinem Glauben keine Basis zu geben scheint?

Ein Vater ist ein Mensch, der auf dem Weg vorangeht, auf den er seinen Sohn einlädt. Wenn ich meinen Vater aus einem Abstand von dreißig Jahren beobachte, dann meine ich ihn sagen zu hören: «Folge mir, wie ich Christus folge. Aber mach dich auf Überraschungen gefaßt. Der Weg der Nachfolge ist anders, als du erwartest. Zumindest war er das für mich.»

Von Gott geprägte Vorbilder erschüttern ihre Schüler. Vielleicht ist es das Wichtigste an einem Mentor, daß er ein Leben führt, das sich einfachen Erklärungen entzieht. Sein Leben scheint dem erdgebundenen Denken nicht ohne weiteres verständlich und wirkt auf die meisten Menschen nicht besonders anziehend. Mein Vater hat mein Denken in mancher Beziehung erschüttert; doch zwei Punkte scheinen mir besonders wichtig: das Wesen Gottes und das Wesen der Reife. Ein paar Gedanken zu beiden Punkten sollen zeigen, wie tief – und hoffentlich nützlich – diese Erschütterung war.

Zunächst hat mein Vater mein Verständnis von Gottes Wesen erschüttert. Seit meinen frühen Kindertagen wollte ich Gott kennenlernen. Ich wußte, daß es beim christlichen Glauben um mehr ging als um ein paar Ausflüge mit der Jugendgruppe, die mit dem unumgänglichen Gebet begannen und mit einer ernüchternden Andacht endeten, die anscheinend dafür sorgen sollte, daß wir nicht zu vergnügt wurden. Das Wichtigste für uns war die Zeit dazwischen. Das gefiel mir.

In jenen Jahren kannte mich niemand als ernsthaft Suchenden. Niemand sah den Hunger meiner Seele nach der Wirklichkeit Gottes. Er war vorhanden, aber ich verbarg ihn unter albernen Späßen, Sport und Beliebtheit. Niemand forderte mich auf, die Schlußandacht zu übernehmen oder die Bibelarbeit zu halten. Alle dachten, ich sei mit meinem Leben zufrieden.

Aber ich wußte, es mußte noch mehr geben, und ich wollte mehr. Ich wollte mehr als ein zufriedenes, interessantes, angenehmes Leben, das sich zwischen dem Eingangsgebet und der Schlußandacht abspielte. Ich wollte den Gott, zu dem wir beteten und den die Andacht uns nahebringen sollte, kennenlernen.

Seit Kindertagen war für mich der Himmel das Symbol für Gott. Das Geheimnis seiner schier endlosen Bläue faszinierte mich. Ich erinnere mich noch daran, wie ich zum ersten Mal hörte, jeder Stern sei ein riesiger Brocken Materie und viel größer als die Erde, auf der ich lebte. Ungezählte Male ging ich nach Sonnenuntergang vors Haus und legte mich auf den Rasen. Während ich die kleinen weißen Punkte betrachtete, die über den dunklen Himmel verstreut leuchteten, ging es mir durch den Kopf, daß ich Millionen von Jahren in diesen

Himmel eindringen könnte, ohne je irgendwo anzustoßen. Er war endlos. Er war gewaltig.

Mehr als einmal bat ich laut darum, doch der Person begegnen zu dürfen, die das alles gemacht hatte.

Die meisten Menschen, die mich zu Gott hätten führen können, versuchten ihn mir zu *erklären*: Das erwartet er von dir; dies wird er tun, wenn du ihm gehorchst; dies, wenn du nicht gehorsam bist; so kannst du sicher sein, daß du in den Himmel kommst; hier hast du ein Buch, das dir alles erklären wird. Es kam mir manchmal vor, als redeten sie von einem göttlichen Weihnachtsmann, der aber längst nicht so lustig war, wie ich mir das wünschte, dem es mehr darum ging, daß bestimmte Regeln eingehalten wurden, als mir je lieb war, der aber dennoch einen Sack mit Spielsachen bei sich trug. Allzuoft wurde er dargestellt wie eine Belohnung für all jene, die sein System anerkannten und sich an die Spielregeln hielten. Daß Gott ein verlockendes Geheimnis ist, wurde mir nicht vermittelt.

Außer von meinem Vater. Ich weiß noch, wie ich ihm beim Beten zuhörte. Seine Gebete unterschieden sich von jenen der anderen Männer in unserer kleinen Gemeinde. Ohne große Anstrengung ahnte ich schon immer im voraus, was die anderen sagen würden, und ahmte insgeheim ihren Tonfall nach. Wenn sie beteten, dann schien mir das eher eine schlechte Theatervorstellung zu sein als ein Gespräch mit Gott. Doch wenn Dad betete, dann spürte ich, daß er wirklich mit jemandem redete.

Dad benutzte immer eine sehr altertümliche Sprache, wenn er betete. Dennoch klang es nie gekünstelt oder gezwungen. Er erklärte mir einmal, er wolle Gott nicht so anreden wie irgendeinen anderen Menschen. Ich gewann den Eindruck, daß Gott für ihn eine wirkliche Person sei, zu groß, um sie irgendwie zu begreifen, aber doch nahe genug, um sie kennenzulernen.

Meine erste größere Glaubenskrise erlebte ich, als ich zum Studium von zu Hause auszog. Ich ließ alles, was von meinem Glauben an einen *erklärbaren* Gott noch übrig war, hinter mir und machte mich daran, den *geheimnisvollen* Gott, den Gott meines Vaters zu suchen. Die wichtigste Entdeckung, die ich in jenen ersten Tagen des Suchens machte, war vielleicht jene, daß Gott sich nicht in das System einfügte, das er doch, meiner Meinung nach, selbst aufgerichtet hatte. Ich konnte an einem Abend ganz bewußt etwas Verkehrtes tun und trotzdem am nächsten Tag in der Prüfung eine gute Note erhalten. Mir ging ganz langsam auf, daß die Sünde nicht immer negative Auswirkungen auf das Leben hat (zumindest nicht sofort), daß sie aber immer die zwischenmenschlichen Beziehungen beeinträchtigt.

Wie jeder stolze Rationalist hasse ich das Unerklärliche. Es macht mich so hilflos, so abhängig von einem, dessen Handeln ich weder voraussagen noch beeinflussen kann. Ich würde lieber mit einem verläßlichen Gott zusammenarbeiten, als einen unkontrollierbaren anzubeten. Deshalb habe ich die meisten meiner zwanziger, dreißiger und die Hälfte meiner vierziger Jahre damit verbracht, nach einem nicht ganz so geheimnisvollen Gott Ausschau zu halten. Das Verlangen, Gott in etwas hineinzuzwingen, das sich erklären läßt, sitzt sehr tief.

Als mir ein Freund einmal einen Abschnitt vorlas, in dem die Romanschriftstellerin Annie Dillard Gott einen Wahnsinnigen nennt, war ich entsetzt. Er hielt die Beschreibung für faszinierend. Damals fehlte mir noch eine sehr wichtige Erkenntnis: Wenn das Bemühen, Gott zu einem Wesen zu reduzieren, das man begreifen und benutzen kann, sich mit dem Mut paart, sich im Leben nichts vorzumachen, dann muß Gott wirklich wie ein Wahnsinniger erscheinen, wie ein launischer Tyrann, der im einen Moment freundlich und gutmütig, im nächsten gleichgültig und manchmal ausgesprochen brutal reagiert.

Ich habe die Bereitschaft meines Vaters schätzen gelernt, Gottes Geheimnis stehenzulassen und ihm dennoch mit offenen Augen zu folgen, nicht mit der Präzision eines besessenen Kreuzworträtselfans, sondern mit dem unbekümmerten Mut eines Piloten, der ins Bermuda-Dreieck fliegt. Christus nachzufolgen, das ist ein echtes Abenteuer voller Gefahren und Enttäuschungen, voller Freude und voller Rückschläge. Es ist kein Abendspaziergang durch eine gepflegte Gegend mit sorgfältig angelegten Wegen.

Doch es ist auch kein törichter Sprung ins Dunkle. Trotz aller Ungewißheiten, Fragen und Kämpfe meines Vaters steht er auf festem Grund. Er glaubt zutiefst, daß Gott gut ist. Der Tod Christi, dessen er jeden Sonntag beim Abendmahl gedenkt, ist der Beweis. Gott aufzugeben ist für Dad genauso undenkbar, wie sich von Mutter scheiden zu lassen. Diese Beziehungen sind der Inhalt seines Lebens. Indem ich ihm folge, erfahre ich, daß der Weg zu Gott mich aus dem Klassenzimmer, in dem ich sein Wesen studieren wollte, hinausführt in das Heiligtum, wo ich einen Blick in sein Herz tue. Vielleicht werde auch ich mich einmal darüber freuen können, daß Gott so unberechenbar ist.

Der andere Bereich meines Denkens, der durch das Leben meines Vaters erschüttert worden ist, ist meine Auffassung von geistlicher Reife. Ich klammere mich noch immer an die Hoffnung, ich könnte auf dieser Erde einmal in den Spiegel schauen und Gott dafür danken, wie fein er mich umgewandelt hat. Bis jetzt kann ich ihm nur dafür danken, daß er mich noch nicht aufgegeben hat.

Aber das ist es vielleicht gerade: *Wachstum besteht vermutlich nicht darin, daß uns unsere eigene Reife immer deutlicher bewußt wird, sondern im erstaunten, dankbaren Annehmen seiner Gnade.* Gott arbeitet noch immer an mir? Er *freut sich* über mich? Unglaublich! Der Sprung von der Reife zu unserer zukünftigen Verherrlichung ist wahrscheinlich viel größer als der Weg von der Bekehrung zur Reife.

Zu oft tun die christlichen Verkündiger so, als seien für sie die wichtigsten Fragen des Lebens geklärt. Wenn sie von Kämpfen erzählen, dann meist in der Vergangenheit. «Ich scheue mich nicht, zuzugeben, daß ich mit diesem oder jenem einmal wirkliche Probleme hatte. Aber in seiner wunderbaren Gnade hat Gott mich davon befreit.» Die Botschaft ist klar. Jeder, der noch mit diesem oder jenem zu kämpfen hat, ist auf dem Weg zur Reife noch nicht allzuweit vorangekommen.

Das Bild, das die Bibel von ihren Helden malt, ist dagegen eher verwirrend, es paßt nicht zu den Vorstellungen eines problemfreien Lebens. Moses schlug auf einen Felsen; David stahl eine Frau; Jona wurde wütend, als seine Feinde sich Gott zuwandten; Elia wollte sterben; Jeremia nannte Gott eine vertrocknete Zisterne; Paulus durchlebte zermürbende Zeiten der Einsamkeit; Petrus reagierte überheblich, als er eingeladen wurde. Diese Menschen lassen mich hoffen.

Wachstum und Reife bedeuten vielleicht nicht so sehr das Ende aller Kämpfe und allen Versagens, sondern den *Mut, sich ihnen zu stellen.* Unter Umständen nehmen die Probleme noch zu. Aus kleinlichem Klagen wird womöglich echte Enttäuschung. Unmoralisches Verhalten wird vom erbarmungslosen Kampf gegen entartete Triebe abgelöst. Naiver Optimismus macht einer realistischen Verzweiflung Platz. Durchhalten und Weitermachen wird zu einer größeren Tugend als das Sich-freuen-Können.

Am Maßstab allzu vieler evangelikaler Christen gemessen, ist mein Vater nicht besonders reif. In seinem Zeugnis spricht er nicht von täglich erlebten Wundern, unablässiger Freude und einer immer sinnvollen Arbeit für den Herrn. Wo solche Erwartungen gestellt werden, möchte auch ich lieber aufgeben. Ich rechne nicht damit, schon hier unten der Mensch zu werden, der ich oben einmal sein werde.

Aber vielleicht kann ich, wie mein Vater, doch so weit kommen, daß ich etwas von dem Geheimnis erfasse; daß ich mich an dem festhalte, was klar ist, und dem unstillbaren Verlangen, Gott kennenzulernen, immer größeren Raum gebe, egal, welches Verlangen mich daneben noch beherrschen will, ob gut oder böse. Der Wunsch, vermißt zu werden, selbst wenn er während der Beerdigung des eigenen Sohnes auftaucht, ist kein Zeichen mangelnder Reife. Dieser Wunsch zeugt sogar von Reife – solange er nicht stärker wird als das Verlangen, Christus ähnlich zu werden.

KAPITEL

10

Das Schönste kommt noch

Vater und Mutter (vorn in der Mitte) an ihrer Goldenen Hochzeit, 1988. In der vorderen Reihe außerdem meine Frau Rachael (links) und meine Schwägerin Phoebe. In der hinteren Reihe (von links) meine Söhne Kep und Ken, ich, meine Nichte Caryn, mein Bruder Bill und mein Neffe Curtis.

Was kein Auge gesehen hat und kein Ohr gehört hat und in keines Menschen Herz gekommen ist, was Gott bereitet hat denen, die ihn lieben.
1. Korinther 2,9

Die Erinnerungen meines Vaters ...

Ich kann mich noch lebhaft an den Tag erinnern. Es war im Jahr 1930, und ich war achtzehn Jahre alt. Der Evangelist donnerte: «Meine Freunde, hört gut zu, was ich sage! Am 12. Januar 1910 habe ich den Herrn als meinen Erlöser angenommen, mittags um zwölf Uhr. Und seit jenem Augenblick habe ich nicht ein einziges Mal an meiner Erlösung gezweifelt.» Dann rief er: «Gott hat es gesagt! Ich glaube es! Das ist genug!»

«Das gilt mir», ertönte es in meinem Inneren. Es klang so gewaltig und unumstößlich, besonders mit den begleitenden «Amen» und «Preist den Herrn» aus der hingerissenen Zuhörerschar. Ich habe den Redner später näher kennengelernt und an ihm nie etwas anderes entdecken können als ein gesetzliches Vertrauen. Ich fühlte mich nie besonders zu ihm hingezogen. Für ihn war jeder noch so geringe Zweifel, jede noch so geringe Abweichung von einem entschlossenen Glauben die eine, unverzeihliche Sünde. Später erkannte ich diese anmaßende Haltung als hartnäckige Weigerung zu denken.

Früher wollte ich von meinen Zweifeln und Fragen loskommen. Ich wollte *wissen*, daß ich gerettet bin. Ich wollte sicher sein, daß Gott über meiner Familie wacht. Die Ausschaltung aller Ungewißheiten wurde mein Ziel. Das Problem besteht darin, daß die Heilsgewißheit sich nur allzuleicht auf die Wiederholung bestimmter Floskeln stützt statt auf das, was Christus vollbracht hat. Ich ersetzte die Person durch eine Formel.

Dieses Verlangen nach völligem Frieden hat mich nie verlassen. Ich möchte die Verheißung, von der Jesaja spricht, für mich erhalten: «Wer festen Herzens ist, dem bewahrst du Frieden; denn er verläßt sich auf dich» (Jes. 26,3). Frieden, keine Zweifel, welch eine Aussicht. Werde ich das je erleben?

Den Menschen, der einen so festen Glauben hat, wie der eingangs erwähnte Prediger es von sich behauptete, muß ich erst noch kennenlernen. Zweifel sind keine Sünde wider den Heiligen Geist. Gott weiß, woraus wir gemacht sind. Er weiß, daß wir Staub sind (Ps. 103,14). Ich glaube nicht, daß unser himmlischer Vater an unseren Fragen Anstoß nimmt. Er gibt «jedermann gern und schilt niemanden» (Jak. 1,5).

Ich kann mir nicht vorstellen, daß mein Vater über ernstgemeinte Fragen ungeduldig geworden wäre. Als ich fünf war, sah ich ihn als den Allwissenden, zu dem ich auch mit den unvernünftigsten Fragen und Ängsten kommen konnte. Er konnte mich verstehen und mir helfen.

Später erfuhr ich, daß auch mein Vater Fragen und Zweifel hatte. Einer seiner alten Freunde hat mir davon erzählt. Er und Papa saßen oft bis spät in die Nacht über der aufgeschlagenen Bibel und redeten und erforschten die Schrift. Dieser Freund berichtete, das Ungewöhnliche an Papa sei gewesen, daß er auch von Ängsten sprach, die in evangelikalen Kreisen schlichtweg tabu waren, über die er jedoch mit diesem verständnisvollen Freund reden konnte.

Ich wünschte, ich hätte mich auch mit Papa über seine Fragen unterhalten können – und über meine natürlich auch. Darum habe ich Papa einen Brief geschrieben, nicht, um Bestätigung zu erhalten, sondern um meinen Gedanken Luft zu machen.

Lieber Papa,
schon lange habe ich Dir schreiben wollen. Ich kenne Deine Adresse, aber ob Du diesen Brief je lesen wirst oder nicht, liegt in des Herrn Hand, seiner durchbohrten Hand. Wie herrlich muß es sein, bei dem Einen zu sein, der Dich geliebt und sich selbst für Dich gegeben hat.

Als Du mit einem «Pscht, Gott ist da!» von uns gingst, blieben

Mutter und vier Kinder zurück – wir fünf. Jetzt sind nur noch Mabel und ich hier auf der Erde. Aber die Familie ist größer geworden: Cecil hatte einen Sohn; ich habe zwei Söhne (Bill hast Du schon getroffen); Helen hatte zwei Söhne und Mabel zwei Töchter.

Ich denke immer, ich habe zwei Familien: die eine, in die ich geboren wurde, und die Familie, die damals begann, als Isabel «Ja» sagte. Mutter hat uns davon erzählt, wie Du sie ein paar Freunden vorstelltest mit den Worten: «Ich weiß, ihr werdet sie mögen. Ich mag sie!» Ich kann es kaum erwarten, Dir Isabel vorzustellen. Du wirst sie mögen, denn ich mag sie.

Papa, weißt Du, daß Dein kleiner fünfjähriger Lawrence inzwischen achtzig ist? Denkst Du manchmal in Kategorien irdischer Zeitrechnung von Dir selbst? Du wärst jetzt 106. Ich denke nicht so. Ich schaue das Foto auf meinem Schreibtisch an und sehe einen gutaussehenden dreißigjährigen Mann in einem großen Sessel, hinter dem eine reizende Frau steht, beide Hände auf seinen Schultern und ein Dies-ist-mein-Mann-Lächeln auf dem Gesicht.

Mutter ist älter geworden; Du bist jung geblieben. Aber spielt das eine Rolle? Was ist überhaupt wichtig? Ihr seid beide beim Herrn. Alles, was mir von Dir im Gedächtnis geblieben ist, ist das, was ein Fünfjähriger sieht. Aber Du hast mir gute Erinnerungen hinterlassen, Erinnerungen, die mir eine Ahnung von dem Einen vermitteln, den wir beide Vater nennen und der mir so vertraut ist, daß ich ihn liebevoll Papa nenne.

Wir hatten nur wenige gemeinsame Jahre. Oh, Papa. Wir alle wußten, wie sehr Du unsere Mutter, Deine Laura, geliebt hast. Und wir wußten, daß Du uns geliebt hast. Ich erinnere mich noch an bestimmte Familiengesetze, Regeln, die wir manchmal überschritten, wofür wir dann bestraft wurden. Aber immer, immer nahmst Du uns in die Arme und schenktest uns ein Lächeln. Weißt Du noch, wie Du mit uns beiden Jungen einmal Zug gefahren bist und dem siebenjährigen Cecil und mir geduldig erklärt hast, wie der Dampf entstand und die Räder zum Rollen brachte?

Es wird nicht mehr lange dauern, bis wir sechs wieder beieinander sind. Wenn ich wählen könnte, wäre ich für die Entrückung. Dann würden wir uns sehen, wie wir einmal sein sollen, keine Geistwesen, wie Du es jetzt bist, sondern mit einem verwandelten, Gott ähnlichen Leib.

Du hast das Alter nie gekannt. Ich frage mich, ob Mutter Dir davon erzählt hat. Ich sehe Dein Foto an – volles Haar, glattes Kinn, und obwohl ich sie nicht sehen kann, bin ich sicher, daß Du noch alle Zähne hattest.

In seiner «Ode auf eine griechische Urne» spricht Keats von ewiger Jugend; und er schildert Menschen in altersloser Erstarrung, die einer beständigen Freude nachjagen, die sich nie verzehrt. Du hast etwas viel Besseres kennengelernt, nicht wahr? Du kennst die Freude darüber, in Gottes Nähe zu sein, in ihrer ganzen Fülle. Ich habe nur ein wenig davon erfahren, nur einen Hauch des Himmels. Für Dich ist es Wirklichkeit; für mich noch immer Sehnsucht.

Papa, weil Du uns geliebt hast, war das Leben immer mehr als nur bloßes Dasein. Du hattest so wenig, und doch gabst Du soviel. Wie sehr wünschte ich mir, ich hätte Dich besser kennenlernen dürfen. Ich wünschte, ich könnte Deine Schritte auf der Treppe und Mutters frohen Ruf: «Papa kommt!» noch einmal hören. Dieser Ruf bedeutete, daß wir wieder alle zusammen waren. Damals haben wir es nicht verstanden, Papa, aber Du hast uns alle ein Stück des Himmels erleben lassen, das ungetrübte Gefühl, daß alles in Ordnung ist, weil Papa da war – und wir bei ihm.

Noch einmal sehe ich das Foto mit Mutter und Dir an. Ich habe es sehr gern; aber es ist nur ein Stück Papier. «Ein Schritt auf der Treppe – Papa ist zu Hause!»: Wird es bald so sein, wenn wir uns beim Herrn begegnen und für immer bei ihm sein dürfen?
Dein Sohn Lawrence

Ich hätte Papa gern gefragt, ob er während seines kurzen Lebens oft ans Sterben gedacht hat. Dazu ist es jetzt zu spät. Doch wenn ich ihn wiedersehe, dann bezweifle ich, ob wir über seine oder meine Gedanken zum Thema Tod reden werden. Vielleicht werden wir von jenen Erdentagen sprechen, als wir wie durch einen Spiegel ein dunkles Bild sahen, bevor wir dem Einen von Angesicht zu Angesicht gegenüberstanden, der sich nun mit uns unterhält. Unser Gespräch wird nicht so sein wie jenes der beiden Männer auf dem Weg nach Emmaus. Welche Tragödie. Sie erkannten Christus erst, als er sie verließ. Für Papa und mich, Bill und Mutter wird es anders sein. Stellen wir es uns nur einmal vor. Eine Bibelarbeit mit dem Verfasser selbst.

Diese Gedanken an Papa und den Himmel scheinen mich in eine unbestimmte, nebelhafte Welt irgendwo zwischen Himmel und Erde zu versetzen. Und doch sind Träume, die auf der Wahrheit basieren, mehr als nur flüchtige Phantasien. Sind sie nicht wie ein Vorgeschmack dessen, was unsere Augen noch nicht gesehen, unsere Ohren noch nicht gehört haben, eine Ahnung der Dinge, die Gott denen bereitet hat, die ihn lieben (1. Kor. 2,9)?

In einer so besitzergreifenden Welt wie der unsrigen verfliegt der Traum nur allzu schnell. Wir alle erliegen dem Reiz dieser Welt, bis irgend etwas in unserem Leben schiefgeht, bis uns etwas fehlt. Und selbst dann noch machen wir uns Zisternen, die rissig sind und kein Wasser geben (Jer. 2,13). Wann werden wir daraus lernen?

So viele Philosophen, Psychologen, Theologen und Dichter grübeln über den Tod. Shakespeare schrieb in «Macbeth» voll Pessimismus:

> Leben ist nur ein wandelnd Schattenbild;
> Ein armer Komödiant, der spreizt und knirscht
> Sein Stündchen auf der Bühn' und dann nicht mehr
> Vernommen wird; ein Märchen ist's, erzählt
> Von einem Dummkopf, voller Klang und Wut,
> Das nichts bedeutet.

Doch ihr Grübeln scheint oft nicht mehr zu sein als der Versuch, der unumstößlichen Endgültigkeit des Todes zu entgehen.

Wir Christen reden froh, vielleicht etwas oberflächlich, vom Tod. Leichthin zitieren wir Paulus, der von einem plötzlichen Überwechseln von hier nach dort sprach. Die ganze Schrift unterstreicht diese Vorstellung. Und doch ist es bezeichnend, daß Gott in seiner unendlichen Kenntnis der menschlichen Schwäche keinen Versuch unternimmt, die Wirklichkeit des Todes als eines Feindes zu verniedlichen: «Der letzte Feind, der vernichtet wird, ist der Tod» (1. Kor. 15,26).

Der Tod ist ein Feind, der letzte Feind. Doch er wird vernichtet werden.

Manche, wie der Märtyrer Stephanus, sehen durch die Schatten in die jenseitige Herrlichkeit, doch ich suche vergeblich nach der Zusage für eine ähnliche Vision bei meinem Sterben. Wird mein Tod so sein wie jener von Christ, dem Pilger in Bunyans Traum, der beim Sterben sagte: «Ich versinke in tiefen Wassern; die Wogen gehen über mein Haupt. Ich werde kein Land sehen»? Oder wird mein Tod eher so sein wie der von Hoffnungsvoll, Christs Weggenossen, der ausrief: «Ich sehe die Pforte schon und jene, die zu unserem Empfang bereitstehen»?

Beide gelangten sicher hinüber; beide wurden mit einem «Gehet ein zu eures Herrn Freude» begrüßt. Aber wie verschieden waren ihre letzten Augenblicke! Beide wurden eins mit dem Streiter, der den Tod vernichtet hat, doch für den einen war der Tod nur ein Schatten, für den anderen der letzte Feind.

Ich weiß nicht, wie ich dem Tod begegnen werde. Dennoch kann ich ehrlich davon sprechen, einen Hauch des Himmels erfahren zu haben, einen so intensiven, so unaussprechlich anziehenden Duft, daß ich mich danach sehne, in seine Gegenwart zu treten, egal, ob mein Eintritt leicht und angenehm oder von Zweifeln überschattet sein wird.

Mit der Müdigkeit meiner achtzig Jahre erscheinen mir die Worte Alexander Popes manchmal sehr reizvoll: «Laß ab, Natur, von deinem Streben, und laß mich schmachten nach dem Leben.» Größeren Trost allerdings finde ich in den Worten des Psalmisten: «Meine Zeit steht in deinen Händen ... Wie groß ist deine Güte, Herr» (Ps. 31,16-20).

Eines Tages werde ich die Melodie ganz deutlich hören, die Harmonie gänzlich wiederhergestellter Beziehungen. Andeutungen auf jenen großen Tag finden sich in der ganzen Bibel. Während einer Festzeit schrieb Nehemia: «Und die Sänger sangen laut, und Jisrachja stand ihnen vor» (Neh. 12,42). Jisrachja bedeutet: «Der Herr leuchtet hervor». Wie ansprechend ist dieses Bild. Der Herr, Gott selbst, wird sich eines Tages ganz offenbaren, er scheint in seinem Sohn hervor, der den Chor der Erlösten leiten wird. Die Freude im Himmel über einen Sünder, der Buße tut, wird ihren Höhepunkt erreichen, wenn alle Erlösten in seiner Gegenwart erscheinen dürfen.

Jetzt erhaschen wir nur hier und da eine Ahnung des Himmels. Jetzt hören wir nur hier und da in der Ferne seine

Klänge. Doch bald werden wir das volle Aroma schmecken und den ganzen Chor hören dürfen, in dem keiner fehlt. Und wir werden für immer beim Herrn sein.

... und die Gedanken eines Sohnes ...

Ich bin in der vorteilhaften Lage, sowohl in die Vergangenheit zurückschauen als auch in die Zukunft vorausdenken zu können. Über die Hälfte meines Lebens ist verstrichen, und wenn man als Spanne des erwachsenen Lebens die Jahre vom fünfundzwanzigsten Lebensjahr bis zum Tode betrachtet, dann habe ich noch mehr als die Hälfte meines Dienstes vor mir. Von dieser Erhebung kann ich in beide Richtungen bis zum Horizont blicken. Ein guter Ort, meine ich, um sich von der größeren Geschichte gefangennehmen zu lassen, in der mein Leben sich abspielt.

Wenn ich mich umdrehe, dann sehe ich zwei Großväter. Einen, der schon siebenundzwanzig Jahre vor meiner Geburt starb. Den anderen hörte ich mit ehrfürchtiger Stimme beten, die mir verriet, daß er sich in der Gegenwart absoluter Majestät befand. Er starb, als ich ein Teenager war. Beide waren starke Gottesmänner.

Ich sehe zwei Großmütter. Eine starb als erblindete Witwe mit einem «Pscht» auf den Lippen, die andere war eine wunderbare Großmutter, wie sie im Buche steht, die ihr Enkelkind nach Leibeskräften verwöhnte. Ich erinnere mich noch an die Sommermorgen auf ihrer Veranda in der Penn-Street. Ich trank Eiswasser aus einem Glas, das sie immer wieder vollschenkte, und freute mich an ihren geliebten Azaleen und dem Duft der Veilchen.

Wenn ich die Augen zusammenkneife und noch weiter zurück in die Vergangenheit blicke, dann sehe ich fünf Generationen – vielleicht sogar noch mehr – frommer Menschen, von Vaters Seite aus England, aus Schottland von Mutters Familie.

Etwas näher an der Gegenwart sehe ich Eltern, die lachten, straften, beteten und dienten; einen Bruder, dem ich mich (noch immer) verbunden fühle wie keinem anderen Mann; ein schönes Mädchen, das ich im Alter von zehn Jahren kennenlernte und elf Jahre später heiratete; und zwei Söhne, die einmal kleine Jungen waren.

Es ist gut, einmal zurückzuschauen. Trotz all der Nöte und Sorgen, die auch die Nostalgie nicht gänzlich überdecken kann, gibt die Geschichte der Vergangenheit doch Halt. Wir können ihre Kapitel nicht umschreiben, aber weil sie sich nicht mehr ändern lassen, können wir sie in Ruhe erforschen.

Meine Vergangenheit hilft mir, an eine größere Geschichte zu glauben, von der jedes Detail, an das ich mich erinnere, nur ein kleines Teil ist. Die vielen Menschen und Einflüsse, die meine Vergangenheit ausmachen, erscheinen mir nicht wie eine Sammlung zusammenhangloser Kurzgeschichten. Eher scheinen sie wie ein paar Absätze in einem sehr langen – und wahren – Roman. Wenn ich über meine Geschichte, und besonders über den Gott meines Vaters, nachdenke, dann wächst in mir die Gewißheit, daß mein Leben wirklich in einen größeren Rahmen hineingehört, daß die Geschichte in mir und durch mich hindurch in meinen Söhnen eine Fortsetzung hat. Ich kann es kaum in Worten ausdrücken, wie froh mich dieser Gedanke macht!

Von der Höhe des mittleren Lebensalters, zu der ich aufgestiegen bin und von der ich wieder absteigen werde, habe ich einen klareren Blick auf jene große Geschichte, die Gott mit dem Sündenfall begonnen hat und die er weiterspinnen wird, bis er wiederkommt. Wir alle wissen, daß Gott es ist, der die Geschichte schreibt. Wie oft aber wünschen wir, daß er sich seine schöpferischen Gedanken von uns diktieren läßt. Doch darauf läßt er sich nicht ein. Schreiben, Produzieren, Regie, Rollenverteilung und Darstellung sind *seine* Aufgabe. Er erklärt seinen Freunden die zentrale Handlung, er zeigt ihnen, welche Rolle sie übernehmen können. Dann lädt er sie ein, auf die kosmische Bühne zu treten und mitzuspielen, ohne Vorsprechen, ohne Probe.

Wir werden nie ganz erfahren, welchen Anteil unsere wenigen Zeilen am Ablauf der gesamten Geschichte haben, doch zweierlei wird bald deutlich. Wir haben keine Hauptrolle bekommen, und jede Rolle ist, wenn sie richtig gespielt wird, äußerst anstrengend. Dem Drehbuch zu folgen bedeutet, alle Bequemlichkeit aufzugeben. Wir verpatzen unseren Einsatz regelmäßig, doch der Regisseur verliert nie die Geduld. Endlose Wiederholungen scheinen ihm nichts auszumachen. Wichtig ist nur, daß wir nicht aufgeben.

Wenn wir länger mitspielen, geschieht etwas Eigenartiges. Wir entdecken allmählich, daß es sich gar nicht um ein Spiel handelt, sondern um das wirkliche Leben, und daß das Leben, das wir neben der Bühne führen, nur ein Abglanz ist. Und es wird uns klar, daß es in jedem einzelnen Kapitel darum geht, aufzuzeigen, daß Gott wirklich gut ist. Seit Adams Sünde leben alle seine Nachkommen in der verzerrten Welt von Zweifel und Mißtrauen. «Vielleicht ist Gott doch nicht so gut; sieh dir doch an, was er in meinem Leben zugelassen hat.» Jede Rolle in Gottes Spiel dient dem alleinigen Zweck, den Nebel mit dem strahlenden Schein von Gottes Wesen zu durchdringen.

Jedes seiner Kinder bekommt die genau auf seinen Hintergrund, seine Umstände, seine Fähigkeiten zugeschnittene Rolle. Wenn ich meine Vergangenheit betrachte, dann sehe ich, wie viele Menschen ihre Rolle gut gespielt haben. Wenn ich in die Zukunft sehe, dann erkenne ich, wie sehr ich mir wünsche, daß zukünftige Generationen das auch von mir sagen können. Und mir wird deutlich, wie sehr mich danach verlangt, daß auch meine Söhne ihre Rolle gut spielen.

In diesem Buch ging es um geistliche Vorbilder, darum, wie der Glaube von einer Generation an die nächste weitergegeben wird. Am Ende meiner Betrachtungen über meines Vaters Weg mit Gott möchte ich mich von der Vergangenheit abwenden und in die Zukunft meiner Söhne sehen. Ich möchte ihnen Mut machen, auch diesen Weg zu gehen, ihre Rolle zu spielen, ihr Leben als Teil von Gottes größerer Geschichte zu begreifen. Während ich den folgenden Brief an meine Söhne schreibe, pocht mein Herz, und Tränen treten in meine Augen.

Lieber Kep, lieber Ken,
ich habe Euch nie richtig gesagt, wieviel Ihr mir bedeutet, weil ich es nicht kann. Wie mein Vater sagen würde, lassen sich die tiefsten Empfindungen nicht in Worten ausdrücken. Durch Eure Mutter habe ich das Wunder des Lebens an Euch weitergeben können. Ihr beide seid eigenständige Persönlichkeiten, einzigartig und verschieden, doch gleichzeitig seid Ihr eine Fortsetzung des Lebens, das mein Vater an mich und der seine an ihn weitergegeben hat.

Ich weiß es noch, als ob es gestern wäre, wie ich Euch in Euren Bettchen betrachtet habe, und manches Mal sind mir die Tränen gekommen. Tränen der Liebe, der Freude und der Hoffnung, und ich bin niedergekniet und habe meine Hände auf Euch gelegt und gebetet: «Gott, mach, daß sie dir gehören! Daß sie sich nicht täuschen lassen. Laß sie erkennen, wie gut du bist. Gib ihnen dein Leben – und schenk, daß sie ihr Leben dir geben.»

Oft hatte ich Angst. Manchmal wurde die Furcht größer als die Liebe, und ich habe Euch das spüren lassen; habe Dinge von Euch verlangt, die eigentlich aus Eurem eigenen Willen kommen, Eure eigene Entscheidung sein müßten. Ich konnte den Gedanken nicht ertragen, daß der Satan in Eurem Leben Sieger sein würde. Es war falsch, mich so von der Angst beherrschen zu lassen. Gott sagte mir, ich solle ruhig werden, ihm vertrauen und an Euch glauben. Statt dessen habe ich die Dinge oft selbst in die Hand genommen und vergessen, daß nur die Liebe, niemals der Zwang, einen Menschen zu Gott ziehen kann. Vergebt mir. Laßt das nicht zwischen uns stehen.

Als Ihr älter wurdet, habe ich viele Nächte in meinem Arbeitszimmer verbracht und bis zum frühen Morgen für Euch gebetet, mit einer Inbrunst, die ich kaum in Worte fassen kann. Wie oft lauteten meine Worte wieder und wieder: «Herr, gib mir meine Söhne! Laß mich an ihnen meine Freude haben!» Ich zitterte vor Gott und betete, bis ich zu erschöpft war, noch ein Wort hervorzubringen. Ich hatte nie das Gefühl, von Gott eine Antwort zu hören, aber manchmal schien es mir, als würde er lächeln und sagen: «Vertraue mir.»

Ich fürchte, ich habe Euch den Eindruck vermittelt, ein frommes Leben sei ein eher freudloser Kampf. Von ganzem Herzen wünschte ich mir, ich würde mehr von der Freude erleben, die Gott, davon bin ich überzeugt, für uns bereithält. Mein Leben war – und ist – ein Kampf. Mehr als einmal war ich daran, aufzugeben.

Persönliches Versagen ist sehr niederdrückend. Der tiefe Schmerz, den ich nicht erklären kann, ist manchmal zuviel.

Aber ich kann nicht aufhören. Ich habe etwas von seiner Gnade geschmeckt. Bei jedem Versagen habe ich das Gefühl, er wolle mir sagen, daß er mit mir noch nicht fertig ist. Er vergibt mir und möchte, daß ich aufstehe und mich wieder auf den Weg mache. Und der Schmerz, selbst dann, wenn er am schlimmsten war, hat nie die Hoffnung überwinden können. Ich weiß, daß das Leben für Christus einen Sinn hat, trotz aller Kämpfe, und daß einmal ein besserer Tag – ein phantastischer Tag – kommen wird.

Ihr seid noch zu jung, um Euch über den Himmel Gedanken zu machen. Der Tod ist für Euch noch weit fort. Für mich war er es, als ich so alt war wie Ihr. Und er scheint mir noch immer viel weiter entfernt als für meinen Vater.

Doch durch den Tod Eures Onkel Bill ist er uns allen nähergerückt. Auch durch Dads Operation. Die Wirklichkeit Christi und die Wirklichkeit des Himmels sind mir nie so deutlich bewußt geworden wie in diesen letzten Jahren. Könnt Ihr Euch vorstellen, wie es im Himmel sein wird? Stellt Euch den glücklichsten Moment Eures Lebens vor, multipliziert ihn mit zehntausend, und dann dehnt ihn aus in die Ewigkeit. Mit jemandem zusammenzusein, der uns vollkommen liebt und der jede Freude, die man sich nur vorstellen kann, mit uns teilen will – das ist es, was uns erwartet, mehr als alles andere.

Ich wünschte, solche Gedanken würden mich öfter bewegen. Während ich auf die Fünfzig zugehe, wird mir immer deutlicher bewußt, was für ein *natürliches* Leben ich führe, aber ich spüre auch, wie sehr ich mich danach sehne, ein *übernatürliches* Leben zu führen. Ich spüre, wie Gott am Werk ist. Mein Lieblingssatz ist vielleicht C. S. Lewis' Bemerkung über den Löwen, als der Winter in Narnia seinem Ende zugeht: «Aslan ist auf dem Weg.» Ich freue mich auf das, was kommt, und fürchte mich zur gleichen Zeit.

Ihr seid Teil einer Geschichte, die Ihr Euch nicht selbst ausgewählt habt. Alle vier Großelternteile, wie auch die meinen, lieben Jesus Christus. Eure Eltern lieben ihn. Unsere Familie ist über alle Maßen gesegnet worden. Und mit dem Segen kommt die Verantwortung, dieser einzigartigen Gnade gemäß zu leben.

Mit dem christlichen Erbe, das Ihr von den vorangegangenen Generationen übernommen habt, seid Ihr darauf vorbereitet worden, für ihn zu leben und in dieser Welt zu wirken. Sorgt dafür, daß Ihr einen guten Einfluß habt. Auf die Menschen – Eure Frauen, dann Eure Kinder und Freunde. Überlegt nicht, was Ihr Großes tun könnt. Seid einfach treu. Vielleicht könnt Ihr Tausenden von Eurem Glauben sagen, vielleicht nur einer Handvoll. Darauf kommt es nicht an. Bittet Gott, Eure Schritte zu lenken, damit Ihr treu Eure Rolle in dem Abschnitt der Geschichte spielen könnt, den er speziell für Euch geschrieben hat.

Es gibt keine zwei Männer, die ich mehr liebe als Euch beide. Macht meine Freude vollkommen, indem Ihr Euer Leben dafür einsetzt, Gottes Geschichte zu erzählen. Stellt Euch vor, Eure Großeltern und meine, und ihre dazu, treffen sich zu einer großen Familienzusammenkunft. Euer Onkel Bill greift nach seiner Gitarre – er spielt jetzt besser –, Mutter und ich lächeln einander zu, wie wir noch nie gelächelt haben. Carolyn und Kim lachen und singen, und dann werden wir still. Der Herr tritt in unsere Mitte und fordert jeden von uns auf zu erzählen, wie er auf der Erde für ihn gelebt hat. In demütiger Freude denkt Ihr an die Entscheidungen, mit denen Ihr den Herrn geehrt habt, Ihr klopft Euch auf die Schulter, weil Ihr sehen könnt, welchen Sinn Euer Leben hatte. Und wenn Ihr fertig seid, wird der Herr lächeln und Euch mit einer Zärtlichkeit, die uns immer neu in Erstaunen versetzen wird, in die Arme nehmen und sagen: «Gut so. Nun kommt zum Fest!»

Könnt Ihr Euch ausmalen, wie mein Vater vor Freude tanzen wird? Selbst er weiß nicht, wie – aber das Schönste kommt noch.

Kep, ich liebe dich. Lebe für Christus.

Ken, ich liebe dich. Lebe für Christus.

Dad

Ein Wort an den Leser

Was mögen Sie nach dem Lesen unseres Buches empfinden? Mancher fragt sich vielleicht, ob meine Söhne unter dem Gewicht alles Guten nicht ins Stolpern geraten müssen. Ich kann nur hoffen, daß sie durch alles, was ihnen vorgelebt wurde, mehr angelockt als erdrückt werden und nicht vergessen, daß jeder Mensch mit seiner Geschichte allein vor Gott steht. In den folgenden beiden Abschnitten sprechen sie von ihrer Reaktion auf unsere Geschichte, und Sie werden zwei junge Männer kennenlernen, die dabei sind, ihren Weg zu finden.

Unabhängig von unserem Hintergrund müssen wir uns bemühen, die Stimme unseres himmlischen Vaters zu hören, der voller Liebe und Erbarmen zu uns sagt: «Ich liebe dich. Du bist mein Kind. Ich bin den Weg vor dir gegangen. Suche mich mit deinem ganzen Herzen, dann wirst du mich finden. Jeder kann das Vorrecht genießen, mich kennenzulernen, ganz gleich, welchen Segen oder welches Herzeleid deine irdische Familie dir gebracht hat.»

Ein Freund empfand beim Lesen des Buches regelrechte Eifersucht; er kann nicht auf ein christliches Erbe aus fünf Generationen zurückblicken. Das Geheimnis so ungleich verteilter Segnungen kann uns zornig machen. Doch, wie mein Freund meinte, sollte es uns mehr noch auf die souveräne Weisheit Gottes hinweisen, der jede Geschichte anders schreibt, aber immer in der Absicht, uns für unsere Rolle zuzurüsten. Wenn wir seinen geheimnisvollen Plan als ein Abbild seiner unerforschlichen Güte sehen, dann können wir uns freuen, wenn andere reicher gesegnet werden als wir, und brauchen nicht über Wegen verzweifeln, die er uns nicht erklärt. Mehr noch: Wir können voller Ehrfurcht und Anbetung die Liebe erkennen, die hinter seinem Plan steht und die uns alle eines Tages Loblieder singen lassen wird.

Gedanken zweier Söhne und Enkel:
Der Gott unseres Vaters und Großvaters

Gedanken von Kep Crabb

Mein Name ist Kep, ich bin fünfundzwanzig und Larrys ältester Sohn. Vor sechs Monaten schickte Dad mir eine Kopie des Manuskripts zum vorliegenden Buch mit der Bitte, mir einmal darüber Gedanken zu machen, wie dieser Bericht aus zwei Generationen unserer Familiengeschichte auf mich wirkt.

Die meisten von Ihnen lesen diese Geschichten zum ersten Mal. Ich habe sie fast alle schon früher gehört, allerdings nie an einem Stück. Sie aneinandergereiht in einem Buch zu lesen, hat mir etwas recht Beunruhigendes deutlich gemacht, was mich vorher nie so getroffen hat: Das Leben bietet uns keine Garantien, zumindest nicht die, die ich mir wünschte.

Dazu habe ich eine Menge Fragen. Wie wird mein Leben aussehen? Werden Menschen, die ich gern habe, sterben, wie es bei meinem Großvater und meinem Vater geschehen ist? Wird auch mein Leben ein Kampf sein? Welchen Plan hat Gott für mein Leben? Wer gibt mir Sicherheit, worauf kann ich mich für den Rest meines Lebens verlassen?

Großvaters Lebensgeschichte zu lesen – die Höhen und Tiefen, sein angefochtener Glaube – war sehr aufschlußreich. In einer manchmal so hoffnungslosen Welt habe ich neue Hoffnung gespürt. Betroffen hat mich, daß jeder den grausamen Stachel des Lebens spüren muß. Gott zu vertrauen, scheint keine besonders sichere Sache zu sein, aber irgendwie hat das alles einen Sinn.

Nicht viele von uns werden so Schweres durchmachen müssen wie mein Großvater; von manchen wird weit mehr verlangt werden. Sicher ist, daß der Glaube eines jeden, an einem bestimmten Punkt, auf die Probe gestellt werden wird.

Wenn ich daran denke, was vor mir liegt, dann bin ich besonders dankbar dafür, daß ich die einzigartige Möglichkeit hatte, unter Menschen aufzuwachsen, die Jesus liebhaben. Nicht vielen Menschen meiner Generation ist das vergönnt. Erinnerungen an bestimmte Ereignisse, die ich damals schon als beglückend erlebte, empfinde ich jetzt nicht mehr nur als beglückend, sie stützen und tragen mich auch.

Obwohl ich noch jung bin, scheint es schon so lange her zu sein, daß Mom, Dad, Ken und ich die lange Auffahrt zum Haus meines Großvaters in South Carolina hinauffuhren. Mit einem Teller von Grandmas frischen Zimtbrötchen und Grandpas Lachen wurden wir willkommen geheißen. In diesem Buch konnten Sie Grandpa nicht lachen hören, aber ich muß Ihnen sagen, daß er gern und viel lacht. Er kann Witzen ebensogut zuhören, wie er sie selbst erzählt. Er freut sich am Leben, auch wenn das Gute und tragische Ereignisse sich abgewechselt haben. Ich staune immer wieder darüber, daß er trotz allem noch immer fähig ist, sich am Leben zu freuen. Nicht viele können durchmachen, was er erlebt hat, und sich eine positive Einstellung zum Leben bewahren; ganz zu schweigen von seinem Sinn für Humor. Mir fällt auf, daß er nicht bitter geworden ist. Und ich bete darum, daß ich, wenn ich einmal auf mein Leben mit allem Schweren, das es bringen mag, zurückschaue, auch noch so lachen kann wie Grandpa.

Vielleicht rührt seine Fähigkeit zum Lachen daher, daß er auch die ernsten Dinge versteht. Ich habe ihn oft von der größeren Geschichte reden hören, die Gott durch sein Leben erzählen will. Er glaubt, daß sein himmlischer Vater nicht nur den Überblick über den großen Abriß hat, sondern auch über Grandpas Rolle. Darauf ruht sein Leben.

Anders kann ich es mir nicht erklären, wie ein Mann, der als Fünfjähriger seinen Vater hat sterben sehen, der den Tod seines Bruders erlebte, ohne daß dieser sich für Christus entschieden hätte, und über das Telefon erfährt, daß sein Sohn bei einem Flugzeugabsturz ums Leben gekommen ist, weitermachen kann. Das ist schon gewaltig. Wie kann er da noch immer lachen?

Aus Gründen, die ich nicht ganz begreife, glaubt mein Großvater wirklich, daß Gott gut ist, und er vertraut auf seine Gnade. Glaube und Vertrauen. Das klingt so einfach. Aber weder Glauben noch Vertrauen fällt uns besonders leicht. Manchmal lernen wir erst zu vertrauen, nachdem wir Gott angeschrien haben. Manchmal ist es die schwierigste Entscheidung, die wir treffen können, einfach zu glauben und zu vertrauen.

Ich schreibe das alles aus dem Blickwinkel eines Menschen, dessen Leben bis jetzt fast wie im Märchen verlaufen ist. Die Probleme, die ich bis jetzt gehabt habe, waren für meinen Glauben keine wirkliche Prüfung. Ich hatte ein angenehmes Zuhause und Eltern, die mich lieben. Ich werde bald die Frau meiner Träume heiraten. Das Leben könnte gar nicht besser sein. Doch dieses Buch erinnert mich daran, daß die Prüfungen kommen werden. Auch wenn das kein angenehmer Gedanke ist, möchte ich doch gern sagen können, daß ich, zumindest in einem gewissen Sinne, bereit und willens bin, ihnen zu begegnen. Mein Großvater ließ sich durch die Schwierigkeiten näher zu Gott und in die Abhängigkeit von ihm treiben. Das möchte ich auch (Jak. 1,2-4; 1. Petr. 1,6-8).

Bis dahin will ich mich an allem Guten freuen, einschließlich meiner Eltern, die Seminare über Ehe- und Erziehungsfragen halten. Wenn Dad je ein Buch über Kindererziehung schreibt, dann wird er es bestimmt *Auf den Hosenboden* nennen. Er hat mir einmal erzählt, daß er alle Erziehungsgrundsätze, an die er sich eigentlich hatte halten wollen, über Bord geworfen hat, als er versuchte, mit mir fertig zu werden. Ich war kein leichter Fall.

Aber meine Eltern haben nie aufgegeben. Sie haben nie aufgehört, für mich zu beten, mich zu lieben, selbst dann, als es einfacher gewesen wäre, mich etwas weniger zu lieben.

Wenn ich an meinen Vater denke, dann fällt mir ein, wie wir einmal zusammen einkaufen gingen. Ich war damals etwa sechs. Als wir zu dem Warenhaus fuhren, fragte ich ihn, ob ich mir ein Spielzeug kaufen dürfte. Er sagte ja, doch er setzte einen bestimmten Betrag fest, den ich nicht überschreiten sollte.

Ein Spielzeuggewehr stach mir ins Auge. Es kostete mehr als der Betrag, den Dad mir auszugeben erlaubt hatte, aber ich kaufte es trotzdem.

Als wir uns beim Ausgang trafen und zum Auto zurückgingen, bemerkte er das Paket. Er sah sich den Inhalt an und fragte mich, wieviel es gekostet hatte. Nachdem ich etwas gemurmelt hatte, was er nicht verstehen konnte, ließ er mich den Preis wiederholen. Er drehte sich um, zog mich mit und befahl mir, das Gewehr zurückzubringen.

Ich hatte ihm nicht gehorcht; das war eine ernste Sache. Ich war zu Tode erschrocken. Ich ging zur Umtauschstelle und wartete etwa zehn Minuten in der Kundenschlange, voller Angst vor der Tracht Prügel, die ich hinterher erhalten würde.

Als ich das Gewehr gegen mein Geld eingetauscht hatte, ging ich langsam zur Tür zurück, an der Dad auf mich wartete. Es fiel mir nicht auf, daß er ein Paket trug. Als wir ins Auto stiegen, gab er es mir und forderte mich auf, es auszupacken. Es war ein Gewehr, genauso wie das, das ich gerade zurückgebracht hatte.

«Das ist für dich», sagte er und grinste.

Völlig verwirrt sah ich ihn an. «Wieso gibst du mir das? Ich dachte, du würdest mich schlagen.»

«Du hättest Schläge verdient, weil du nicht gehorcht hast», antwortete er. «Aber statt dessen schenke ich dir etwas. So tut es Gott mit uns, wenn wir ihm gegenüber zugeben, daß wir etwas Verkehrtes getan haben.

Unser himmlischer Vater», fuhr er fort, «vergibt uns alle unsere Sünden, wenn wir glauben, daß Jesus die Schläge übernommen hat, die wir verdient haben.»

Ich habe mich damals nicht bekehrt, aber mein Dad hat an jenem Tag den Samen des Evangeliums in mein Herz gelegt, und dieser Same hat Jahre später Frucht getragen. An jenem Tag zeigte mein Vater mir, was er über die Gnade und das Erbarmen seines himmlischen Vaters wußte.

Über den Gott meines Vaters und den Gott seines Vaters zu

lesen, hat zweierlei Reaktionen in mir hervorgerufen. Zunächst ist die Achtung für meinen Großvater gestiegen. Er ließ es zu, daß Gott ihn auf seinem Lebensweg zu einem tieferen Glauben führte. Ich bin dankbar, daß Gott mir die Möglichkeit geschenkt hat, meinen Großvater zu kennen, ein Vorrecht, das nicht jedem gegeben ist.

Andererseits beginne ich etwas, wovon ich mein ganzes Leben lang gehört habe, allmählich zu verstehen: Gott ist wirklich gut. Das ist oft schwer zu glauben. Aber das Leben meines Großvaters und meines Vaters zeugen davon, daß es stimmt.

Ich hoffe von ganzem Herzen, daß dieses Buch Ihnen Mut macht, den Weg zu Gott zu gehen. Mich hat es ermutigt.

Danke, Grandpa, danke Dad, daß Ihr Eure Herzen geöffnet habt. Ich habe gelernt, daß die eine unumstößliche Zusage, die wir haben, auch die einzige ist, die wir brauchen: Gott ist in jedem Bereich meines Lebens am Werk, um mich seinem Sohn ähnlicher zu machen. Und weil sein Sohn für meine Sünden starb, wartet der Gott meines Großvaters und meines Vaters auf mich, damit ich in Ewigkeit bei ihm sein kann.

Gedanken von Ken Crabb

Als mein Vater mich bat, sein Manuskript zu lesen und meine Gedanken dazu aufzuschreiben, war ich zunächst nicht besonders interessiert. Doch nachdem ich das Buch gelesen habe, bin ich begeistert und gern bereit, meine Eindrücke in Worte zu fassen. Manche Kapitel haben mich zutiefst bewegt, in anderen ist von Dingen die Rede, von denen ich keine Ahnung habe.

Ich habe noch nie den Tod einer so nahestehenden Person miterleben müssen, wie sie ein Vater ist. Als mein Onkel Bill starb, habe ich eher wegen meiner Tante, meinem Cousin, meiner Cousine und meinem Vater getrauert als wegen mir selbst. In den zweiundzwanzig Jahren, die ich jetzt lebe, ist mein Glaube noch nie in solcher Art auf die Probe gestellt worden. Ich weiß, das wird auch noch kommen, und ich hoffe und bete, daß ich dann genauso reagieren kann wie mein Großvater. Er hat tiefe Schmerzen und beunruhigende Zweifel ertragen, aber immer hat er wieder auf den Weg zurückgefunden, der zu Gott führt. Diesen Weg möchte ich auch gehen.

In vielerlei Hinsicht war Großvaters Kindheit ganz anders als meine. Er wuchs ohne Vater und in eher ärmlichen Verhältnissen auf. Obwohl ich mit anderen über Großvaters schwere Kindheit gesprochen habe, ist mir vor dem Lesen dieses Buches nie bewußt gewesen, auf welch vielfältige Weise Gott für ihn gesorgt und ihm geholfen hat. Er war mit einer unglaublich frommen, liebevollen Mutter gesegnet. Ich freue mich darauf, ihr eines Tages zu begegnen. Er hatte die klaren Erinnerungen an einen sehr, sehr guten Vater. Beide Elternteile waren ganz für den Herrn und für ihre Familie da. Obwohl Großvater all das fehlte, was die meisten Menschen meiner Generation für lebensnotwendig halten, ging es ihm besser als vielen meiner Freunde.

Ich glaube, eines der größten Geschenke, das meine Frau Carolyn und ich unseren zukünftigen Kindern machen können, ist das, was meine Urgroßeltern meinem Großvater, was meine Großeltern meinen Eltern und was meine Eltern uns gaben: eine Liebe zum Gott ihrer Väter, eine Liebe zueinander und eine Liebe zu ihren Kindern.

Großvaters Reaktionen auf seine ersten Erwachsenenjahre haben mich nachdenklich gemacht im Blick auf meine jetzige Situation und meine Einstellung. Allzuoft erzähle ich Gott, was *ich* vorhabe. Ich bin ein phantastischer Planer. Ich habe den Rest meines Lebens genau durchorganisiert, bis ins kleinste Detail, Jahr für Jahr. Ich weiß, wie viele Kinder ich haben möchte, welches Geschlecht und welche Fähigkeiten sie haben sollen. Ich habe meine berufliche Laufbahn bis zum Rentenalter festgelegt. Ich hoffe nur, daß Gott einverstanden ist.

Großvater spricht davon, Christus den Kapitänsposten zu übergeben und ihm zu folgen, wo er hinführt. Das ist eines meiner größten Probleme. Ich möchte in Christus wachsen, aber nur widerwillig bitte ich Gott, alles zu tun, was nötig ist, um mich ihm näher zu bringen. Er könnte ja meine Pläne über den Haufen werfen. Ich stelle fest, daß ich nicht bereit bin, das Steuer aus der Hand zu geben. Ich habe zu große Angst, Gott um die Reife zu bitten, loslassen zu können.

Großvaters Liebe zur Gemeinde ist so stark, daß es ihm weh tut, wenn dort Probleme auftauchen. Carolyn und ich haben letzthin eine Gemeinde entdeckt, in der wir uns wohlfühlen. Die Musik gefällt uns, und wir fühlen uns beide gestärkt und angesprochen von den Predigten. Aber ich wünschte, ich hätte Großvaters Verlangen nach Anbetung. Wenn ich auf dem Weg zum Gottesdienst mit Carolyn Streit bekomme, dann ist der Sonntagmorgen für mich schnell ruiniert. Seit Monaten bete ich darum, in Gedanken ruhig werden und einmal eine Stunde Zeit für den Herrn haben zu können. Ich bin bei etwa 0,5 Prozent. Anscheinend habe ich noch einen langen Weg vor mir.

Meinem Vater machen die Meinungsverschiedenheiten zu schaffen, die zwischen seinem Vater und ihm bestehen. Und doch haben sie beide einen Punkt erreicht, an dem sie verschiedener Meinung sein und sich trotzdem achten können. Auf diesem Gebiet wachse ich gemeinsam mit meinem Vater. Da ich mit ähnlichen Dingen zu kämpfen habe wie er, schätze ich ihn als Vorbild. Und in den letzten paar Jahren habe ich den Mut gewonnen (nicht immer die Weisheit), auch mit ihm einmal verschiedener Meinung zu sein. Ich stehe gern zu meinen Überzeugungen.

Ich denke, ich kämpfe aber auch immer noch darum, das Wohlwollen und die Anerkennung meines Vaters zu erringen, obwohl er es mir in den meisten Fällen schon geschenkt hat. Dennoch stelle ich fest, daß ich die Bibel eher lese, um meine Position zu untermauern, als um Gott zu mir reden zu lassen. Ich vermute, daß ich noch immer versuche, meinen Vater mit meinem Wissen zu beeindrucken.

Wenn ich an die Kämpfe meines Großvaters und meines Vaters im Blick auf Gottes Berechenbarkeit und Güte denke, dann muß ich einräumen, daß Gott, von meinem gegenwärtigen Standpunkt aus betrachtet, sehr berechenbar und gut erscheint. Doch ich erkenne, daß diese zwei Dinge, besonders wenn es um Gott geht, nicht unbedingt zusammengehören, ja, eigentlich eher selten zusammenpassen.

Gott hat mein Leben mit wunderbaren Eltern gesegnet, einem Bruder, der mir noch dazu ein guter Freund ist, einer phantastischen Frau aus einer der unseren ähnlichen Familie und einigen wirklich guten Freunden. Erst vor kurzem hat er dem noch eine Arbeit hinzugefügt, die ich sehr mag, ja, genau den Job, den ich mir seit den ersten Collegetagen gewünscht habe. Auf Gott böse zu sein, das wäre für mich, wie wenn ein Fünfjähriger auf den Weihnachtsmann böse würde, obwohl er reich beschenkt worden ist. Es gibt wirklich kaum etwas Gutes, was mir Gott noch nicht gegeben hat.

Womit habe ich das verdient? Was habe ich getan, um so gesegnet zu werden? Ich kenne die Antwort: Nichts. Und ich weiß auch, daß ich keine Gewähr dafür habe, daß es in diesem Stil weitergeht.

Ich sehne mich nicht nach den Wüstenzeiten, die noch vor mir liegen. Doch obwohl ich versuche, mich darauf vorzubereiten, und andererseits alles daran setze, sie zu vermeiden, weiß ich doch, daß ich im tiefsten Innern gern Gott so kennenlernen möchte, wie mein Vater und sein Vater ihn kennen. Ich möchte nur auf leichterem Weg dorthin gelangen.

Der Gedanke an die ersten Rendezvous meiner Großeltern ist lustig. Die wenigsten jungen Leute können sich ihre Eltern, geschweige denn ihre Großeltern, als verliebte Jugendliche vorstellen. Doch ich kann mir sowohl Vater und Mutter als auch Grandma und Grandpa beim ersten Rendezvous vorstellen, weil sie nach siebenundzwanzig beziehungsweise fünfundfünfzig Ehejahren noch immer ineinander verliebt sind. Das gefällt mir.

Unsere Ehe ist nach dreizehn Monaten gut, aber ich sehne mich nach der Nähe und Vertrautheit, die ich bei meinen Eltern und Großeltern sehe. Grandpa sprach davon, *in der Liebe, in Christus und in Gott* zu bleiben. Ich glaube, daß Carolyn und ich noch in einem sehr frühen Stadium dessen sind. Doch ich weiß auch, daß die noch sehr unreife Form des «Verliebtseins» etwas Größerem Platz machen muß. In *Pardon, ich bin*

Christ beschreibt C. S. Lewis den Unterschied zwischen «Verliebtsein» und echter Liebe mit den Versuchen eines kleinen Jungen, im Wasser herumzupaddeln, und dem richtigen Schwimmen. Herumzuplantschen macht Spaß, aber ich kann es nicht erwarten, wie ein Olympionike zu schwimmen. Ich liebe Carolyn. Wir haben uns für ein ganzes Leben aneinander gebunden; Scheidung kommt nicht in Frage. Aber ich möchte mehr. Ich möchte, daß wir beide eine so tiefe Nähe und Einheit erfahren, wie sie in den Ehen meiner Eltern und Großeltern sichtbar wird.

Grandpa hat viel darüber nachgedacht, ob er nach seinem Tode vermißt werden wird. Darüber mache ich mir noch nicht viele Gedanken. Wahrscheinlich bin ich noch zu jung. Wenn ich älter werde, werde ich sicher viele Fragen haben, die mir jetzt noch nicht wichtig sind. Beim Lesen von Grandpas Gedanken fiel mir ein Gespräch ein, das ich mit ihm in unserer Küche hatte. Ich erwähnte einen Film, den ich mit ein paar Freunden im Kino gesehen hatte. Gar nicht vorwurfsvoll sagte Grandpa, Filme erschienen ihm heute sehr nichtssagend. Und er sprach davon, wie viele Dinge dieser Welt ihre Anziehungskraft verloren haben und wie Gedanken an den Himmel ihn erfüllen.

Die Unterhaltung machte mir klar, falls ich je Zweifel gehabt hatte, daß zwischen dem Achtzigjährigen und dem Zweiundzwanzigjährigen ein gähnender Abgrund liegt. Ich bin noch weit davon entfernt, mir den Himmel mit einer solchen Klarheit vor Augen zu führen, wie Grandpa es tut. Es entmutigt mich, wenn ich daran denke, daß ich die Brücke, die ich bauen muß, um auf seine Seite zu gelangen, nicht selbst planen kann. Ich nehme an, daß zu ihrem Bau eine Reihe unerwarteter Schwierigkeiten nötig sein werden, die mich ganz auf Gott zurückwerfen. Meine von der linken Hirnhälfte geprägte Vernunft wehrt sich gegen solche Aussichten. Doch ich will darauf vertrauen, daß sie nötig sind, um das Werk eines guten Gottes in mir zu vollenden, ehe ich zu ihm gehen kann.

Grandpa hat das Leben aus dem Blickwinkel dreier Generationen kennengelernt – als Sohn, als Vater und als Großvater. Dad kennt zwei. Da ich erst am Beginn meines Erwachsenenlebens stehe, kenne ich nur einen.

Wenn ich auf meine wenigen Jahre zurückblicke, dann bin ich dankbar für alles Gute. Doch durch ihr Buch haben Dad und Grandpa mir geholfen zu begreifen, daß das Beste noch vor mir liegt. Ich habe das seltene Vorrecht, meinem Vater und meinem Großvater zuzusehen, die fast dreißig und sechzig Jahre vor mir einen Weg gegangen sind, auf dem ich ihnen, wenn ich einmal so alt bin wie sie, folgen möchte.

Beim Lesen ist mir besonders aufgegangen, daß Grandpa ein sehr reiches Leben hatte. Er ist durch viele Feuer gegangen, doch obwohl er hier und da etwas angesengt wurde, konnten die Flammen ihm letztlich nichts anhaben. Statt dessen ist er mit einem geläuterten, gestärkten Glauben daraus hervorgegangen. Das ist offensichtlich.

Auch Dad hat schwierige Zeiten durchgemacht. Und auch er ist treu geblieben. Als ich seinen Brief an Kep und mich las, sind mir die Tränen gekommen. Der Brief zeigt so deutlich, wie sehr er sich wünscht, daß auch wir Gott kennenlernen. Das macht mich demütig und fordert mich gleichzeitig heraus.

Diese Gefühle verstärken sich, wenn ich mir bewußtmache, daß Dads Wunsch für mich verschwindend gering ist im Vergleich zu Gottes leidenschaftlichem Verlangen, sich mir zu offenbaren. Ich glaube, ich habe eine Ahnung davon, wie sehr mein Vater mich liebt. Nie werde ich den Brief vergessen, den er mir schrieb, als ich im College und er zu einem Sabbatjahr in England war. Im Brief hieß es einfach: «Ich wollte Dir nur kurz schreiben, daß ich an Dich denke und für Dich bete. Ich liebe Dich. Dad.» Keine guten Ratschläge. Keine Neuigkeiten. Nur ein Ausdruck seiner Liebe. Ich konnte sie spüren.

Doch Dads Liebe ist nur ein Abglanz der Liebe meines himmlischen Vaters. Ich bin dankbar, daß ich sie durch meinen irdischen Vater spüren durfte. Mein tiefster Wunsch ist es darum, den Gott meines Vaters und meines Großvaters selbst zu kennen. Weil sie mir vorangehen, weiß ich, daß das Schönste erst noch kommen wird.

Gesprächsanleitung

Dies ist ein sehr persönliches Buch. Es gibt einen Einblick in die «Nachtwanderungen» meines Vaters, in denen er seine Gedanken schweifen läßt und etwas von seinen Ängsten und Zweifeln, seinen Wünschen und Freuden offenbart. Es zeigt Ihnen auch etwas von meinen Reaktionen auf diese seine tiefsten Gedanken. Und es gestattet Ihnen einen Blick auf meine Söhne, die uns auf dem Weg folgen.

In der Einleitung sagte ich, dies sei ein Buch über Vorbilder, darüber, wie ein älterer Mensch einen jüngeren zum Guten beeinflussen kann. Jeder von uns hat Vorbilder, Mentoren, die ihm wichtig wurden – Lehrer, Vorgesetzte, Eltern, Pfarrer oder Kollegen. Jeder hat auch geistliche Vorbilder, Menschen, durch die unser Glaube gestärkt und gefestigt wurde. Mein geistliches Vorbild ist mein Vater. Deshalb geht es in diesem Buch in gewissem Sinne auch um Vater-Sohn-Beziehungen.

Die Fragen in der folgenden Gesprächsanleitung möchten zu dreierlei anregen:

1. zum Nachdenken über die Vorbilder in Ihrem Leben und über ihre Bedeutung;
2. zu der Erkenntnis, daß auch Sie für die Menschen, die Ihnen auf dem Weg folgen, ein Vorbild sind;
3. zur Auseinandersetzung mit den persönlichen Fragen dieses Buches und den Gefühlen, die in Ihnen dadurch wachgerufen werden.

Suchen Sie sich die Fragen aus, die für Ihre persönliche Situation relevant sind. Viele Leser werden nicht ihren Vater als geistliches Vorbild bezeichnen; andere entdecken vielleicht, daß er ein wichtigeres Vorbild war, als sie gemeint haben. Manche wuchsen, so wie mein Vater, ohne Vater auf, weil er früh starb oder aus anderen Gründen nicht präsent war. Lassen Sie sich dadurch nicht davon abhalten, herauszufinden, wie andere Menschen Sie geprägt und geformt haben. Wenn eine der Fragen keinen Bezug zum Verhältnis zu Ihrem Vater zu haben scheint, benutzen Sie sie, um über Ihre Beziehung zu einem anderen Vorbild in Ihrem Leben nachzudenken.

Obwohl die Gesprächsanleitung hauptsächlich für Männer geschrieben wurde, möchte ich auch Frauen ermutigen, sie für sich zu nutzen und sich einmal darüber Gedanken zu machen, wer ihnen in ihrem Leben zum Vorbild wurde. Stören Sie sich bitte nicht daran, daß ich männliche Beispiele und männliche grammatikalische Formen benutzt habe, sondern versuchen Sie, auch in Ihrem Leben dem Wechselspiel zwischen Mentor und Lernendem, zwischen Eltern und Kind etwas näher auf den Grund zu gehen. Das gleiche gilt für unverheiratete Leser. In Kapitel 8 denkt mein Vater über seine Ehe und seine Liebe zu meiner Mutter nach, und die Fragen in der Gesprächsanleitung kreisen um die Ehe Ihrer Eltern und um Ihre eigene. Dennoch brauchen Sie sich, auch wenn Sie nicht verheiratet sind oder nur von einem Elternteil aufgezogen wurden, nicht ausgeschlossen zu fühlen. Denken Sie an ein Ehepaar, das Ihnen positiv vor Augen steht, und versuchen Sie die Fragen mit dem Blick auf diese Ehe zu beantworten.

Die meisten Fragen eignen sich für die Diskussion in einem Gesprächskreis und wollen Mut machen zum Austausch, zum Aufeinanderhören und Voneinanderlernen. Manche Fragen sind jedoch eher persönlicher Natur, und ich würde Ihnen empfehlen, Sie schriftlich, vielleicht in Form eines Tagebuchs, zu beantworten. Darüber hinaus möchte ich Ihnen Mut machen, alle Antworten, ob sie nun in einer Gruppe oder von Ihnen zu Hause erarbeitet wurden, schriftlich festzuhalten. Egal, ob Sie dem Gott Ihrer Väter auf die Spur kommen, ob Sie verstehen wollen, wie Gott andere Menschen benutzt hat, um Sie zu formen und zu prägen, oder ob Sie besser erkennen möchten, wie er Sie selbst gebraucht, um andere zu prägen, die schriftliche Auseinandersetzung wird Ihnen helfen, sich intensiver mit diesen Fragen zu befassen.

Doch ganz gleich, in welcher Form Sie diese Gesprächsanleitung durcharbeiten, ich bete darum, daß sie Ihnen hilft, nicht nur das Vermächtnis zu erkennen, das Ihr Vater oder Mentor Ihnen hinterlassen hat, sondern auch, wie Sie selbst Ihren Kindern oder anderen jungen Leuten zum Vorbild werden können. Scheuen Sie sich nicht, aus Ihrem Leben, von Ihren Erfahrungen zu reden. Sprechen Sie über die Dinge, die Ihnen Freude bereiten, von Ihren Fragen, von dem, was Sie bewegt. Erzählen Sie von dem, was Sie glauben.

Was ist ein Vater?

1. Wie würden Sie den Weg beschreiben, den Sie gehen? Möchten Sie, daß Ihre Kinder denselben Weg gehen? Aus welchen Gründen? Was macht den Weg, den Sie gehen, so attraktiv, daß Ihre Kinder Lust bekommen, ihn ebenfalls einzuschlagen?

2. Wie sieht das Leben Ihrer Kinder aus? Sind Sie damit zufrieden, oder wünschten Sie es sich anders? Wie?

3. Sind Ihnen Ihre Kinder wichtiger als irgend etwas sonst im Leben? Erläutern Sie das. Was wäre nach Meinung Ihrer Kinder das Wichtigste in Ihrem Leben?

Einleitung

1. Das Tagebuch meines Vaters hat mich zutiefst bewegt, weil ich darin seine Geschichte fand. Kennen Sie die Geschichte Ihres Vaters – sein äußeres Erleben, seine Einstellung zum Leben? Inwiefern hat seine Geschichte Sie geprägt?

2. In der Einleitung heißt es, beim vorbildhaften Leben, beim Mentor-Sein gehe es darum, «wie ein älterer Mensch einen jüngeren zum Guten beeinflussen kann». Inwiefern ist Ihr Vater Ihnen zum Vorbild geworden? Wie weit sind Sie dem Weg gefolgt, den er gegangen ist? Warum haben Sie diesen Weg eingeschlagen?

3. Wenn nicht Ihr Vater Ihr wichtigstes Vorbild war, wer war es dann? Wie weit sind Sie dem Weg gefolgt, den Ihr Vorbild eingeschlagen hat? Was erschien Ihnen daran so verlockend?

4. Sind Sie Ihren Kindern oder anderen jungen Menschen Ihrer Umgebung ein Vorbild? Wie weit folgen Ihre Kinder dem Weg, den Sie eingeschlagen haben? Was tun Sie, damit dieser Weg Ihren Kindern verlockend erscheint? Wie lassen Sie Ihre Kinder an Ihrem Leben Anteil haben?

5. Was tut/tat Ihr Vater oder Mentor, um die Liebe zu Gott in Ihnen zu wecken und zu fördern? Können Ihre Kinder durch Ihr Vorbild ein gesundes Gottesbild entwickeln, oder entstellen und verzerren Sie es? Wieso?

6. In der Einleitung heißt es: «Jeder Mensch hat seine Geschichte. Doch ihr Sinn offenbart sich erst, wenn sie in den größeren Zusammenhang von Gottes Geschichte gestellt wird.» Läßt sich das auch von der Geschichte Ihres Vaters oder Vorbilds sagen? Gilt es für Ihre Geschichte?

Kapitel 1
Pscht – Gott ist da!

Die Erinnerungen meines Vaters …

1. Wenn mein Vater von seiner Kindheit erzählt, dann erhalten wir auch einen Eindruck von dem Geist, der in seiner Familie herrschte. Welche äußeren Eindrücke aus Ihrer eigenen Kindheit offenbaren etwas von den positiven Eigenschaften Ihrer Eltern?

2. Wie erlebten Sie Ihren Vater, als Sie selbst fünf Jahre alt waren? Haben Sie ungeduldig auf seine Heimkehr gewartet, wie mein Vater, oder haben Sie sich, wie sein Freund Manuel, vor seiner Ankunft gefürchtet? Warum?

3. Was haben Sie durch die Art, wie Ihr Vater mit Ihrer Mutter umging, über das Wesen Gottes gelernt?

4. Der Tod meines Großvaters, als mein Vater erst fünf Jahre alt war, hat ihn zutiefst erschüttert. Seine Vorstellung von Gott geriet ins Wanken. «Gott hat meinen Papa sterben lassen.» Haben auch Sie in Ihrer Kindheit Erfahrungen gemacht, die Sie an Gottes Güte zweifeln ließen? Haben Sie sich von diesen traumatischen Erlebnissen erholt? Wer oder was hat Ihnen durch die Krise hindurchgeholfen?

5. Mein Vater mußte die meiste Zeit seines Lebens ohne einen Vater verbringen; und doch offenbart seine Geschichte etwas von dem tiefen Einfluß, den sein Vater auf sein Leben hatte. Die vier Worte meines Großvaters: «Pscht – Gott ist da!» waren wie ein Vermächtnis. Sie trösteten meinen Vater und festigten seinen Glauben noch lange, nachdem sein Vater gestorben war. Welches Vermächtnis hat Ihr Vater Ihnen hinterlassen? Wie ist Ihr Glaube dadurch gefestigt worden?

6. Als Dad älter wurde, beschloß er, sich mehr an dem zu freuen, was ihm der Tod seines Vaters gegeben hatte, als darüber zu klagen, was ihm genommen worden war. Vielleicht haben auch Sie in Ihrem Leben nie erfahren, was es bedeutet, einen liebenden Vater zu haben – sei es, weil er früh verstorben ist, sei es aus anderen Gründen. Dennoch, welche positiven Erinnerungen an Ihren Vater können Sie festhalten?

7. Die Bemerkung meines Vaters: «Ich weiß, daß Gott bei allem, was er tut, einen Plan hat», zeugt von einem tiefen Glauben, der aus Kummer und Leid erwachsen ist. Können Sie diesem Bekenntnis zustimmen? Durch welche tragischen Umstände wurde in Ihnen die Bereitschaft zu solchem Glauben gefestigt?

8. Mein Vater hat akzeptiert, daß er Gottes Wege nie ganz verstehen wird, daß er aber «genug von seinem Wesen weiß, um zur Ruhe zu kommen». Was wissen Sie von Gottes Wesen? Was hilft Ihnen, auch inmitten schwieriger Situationen zur Ruhe zu kommen?

... und die Gedanken eines Sohnes ...

9. Als ich über die letzten Worte meines Großvaters nachdachte, habe ich mich gefragt, ob sein Glaube, daß Gott immer da sei, ein reifer Glaube oder einfach naiv sei. Ich komme zum Schluß, er sei reif, weil er zum Kompaß wurde, der meinen Vater auf dem Weg zu Gott hielt. Inwiefern wurde der Glaube Ihres Vaters/Mentors für Sie zum Kompaß, der Sie auf dem Weg zu Gott hielt?

10. Was halten Sie von der Frage: «Wie kann ich stille sein, wenn ich nicht mehr weiß, als daß Gott auch im Unglück bei mir ist?» Haben Sie schon selbst so empfunden? Wie lösen Sie die innere Spannung?

11. Fällt es Ihnen leicht, Gott trotz schwerer Schicksalsschläge und ungelöster Fragen zu vertrauen, oder nicht? Wieso? Inwiefern hat Ihr Vater/Mentor Ihnen geholfen, auch in solchen Situationen Gott zu vertrauen?

Kapitel 2
Das ist unser letzter Nickel, Lawrence. Verlier ihn nicht.

Die Erinnerungen meines Vaters ...

1. Die Familie meines Vaters war sehr arm. Manchmal besaß sie nicht mehr als fünf Cent. Und doch berichtet er von seiner Mutter: «Sie war dankbar, wie immer.» Vorbildhaft lebte sie im Vertrauen auf Gottes unwandelbare Fürsorge. Wo waren Ihre Eltern/Ihre Mentoren Ihnen ein Vorbild im Glauben? Welche Glaubenshaltung vermitteln Sie vorbildhaft Ihren Kindern?

2. Als mein Vater und sein Bruder Geld verdienten, gaben sie es ihrer Mutter. Das wenige, das sie hatten, teilten sie. Wie war das in Ihrer Kindheit? Haben auch Sie miteinander geteilt, füreinander gesorgt, sich umeinander gekümmert? Ist diese Haltung in unserer heutigen Gesellschaft auch noch zu finden, oder ist sie nicht vielmehr weitgehend verlorengegangen? Warum?

3. Mein Vater stellt fest, daß seine Mutter ihn nicht nur durch ihr eigenes Beten das Beten gelehrt hat, sondern auch dadurch, daß sie sich die Zeit nahm, jeden Abend den Gebeten ihrer Kinder zuzuhören. Wer hat Sie beten gelehrt? Wie hat die betreffende Person das getan? Wie versuchen Sie Ihren eigenen Kindern das Beten beizubringen?

4. Obwohl er noch ein kleines Kind war, war meinem Vater bewußt, daß seine Familie die Dinge, auf die es wirklich ankommt, im Überfluß besaß: Liebe, Zeit, Aufmerksamkeit, Vertrauen, Glauben, ein Gefühl der Zusammengehörigkeit. Er erzählt von den wohlhabenden Eltern, die zu «wichtig» und «beschäftigt» waren, um sich selbst um ihre Kinder zu kümmern. Welche der beiden Schilderungen kommt dem Familienleben Ihrer Kindheit am nächsten? Wie würden Ihre Kinder die Atmosphäre bei sich zu Hause beschreiben?

5. Dad erinnert sich an einen Weihnachtsmorgen und sieht jetzt mit den Augen des Erwachsenen die selbstlose Liebe, die in den Geschenken seiner Mutter an ihre Kinder zum Ausdruck kam. Blicken Sie einmal mit den Augen des Erwachsenen auf Ihre Kindheit zurück und versuchen Sie sich an ein oder zwei Bege-

benheiten zu erinnern, die etwas vom Wesen Ihrer Eltern zum Ausdruck bringen, das Ihnen bislang nicht bewußt war.

... und die Gedanken eines Sohnes ...

6. Was würden Sie auf die Aussage: «Schwere Zeiten fördern in uns etwas Gutes, Starkes, Edles zutage, Eigenschaften, die sich anders oft nicht entwickeln lassen» erwidern? Mit welcher persönlichen Erfahrung würden Sie Ihre Antwort begründen?

7. Inwiefern haben gemeinsam durchlebte Probleme Sie zu einer engeren Gemeinschaft mit anderen Christen geführt? Inwieweit hat gemeinsam durchlittenes Leid Ihre Familie fester zusammengeschweißt und zu Christus geführt?

8. Durch meinen Vater habe ich verstanden, was Transzendenz bedeutet: daß hinter meinem Leben eine andere, größere Geschichte steht. Ist Ihnen der Gedanke der Transzendenz in diesem Sinne vertraut? Wer hat Ihnen geholfen, ihn zu verstehen? Wie hat dieser Mensch versucht, Ihnen etwas von der größeren Geschichte nahezubringen? Wie versuchen Sie Ihren Kindern etwas von diesem größeren Bild zu erklären?

9. Wie reagieren Sie auf die Aussage: «Das größte Geschenk, das mir meine Eltern gemacht haben, ist die Erkenntnis, daß ich weder damals noch heute das Wichtigste in ihrem Leben bin»? Waren Sie im Leben Ihrer Eltern das Wichtigste? Was empfinden Sie dabei? Wer ist der wichtigste Mensch in Ihrem Leben?

10. Ich schreibe: «Nur wenn wir Gott mehr lieben als unsere Familie, können wir unsere Ehegatten, unsere Söhne und Töchter freigeben, damit auch sie sich dem Einen zuwenden können, der größer ist als sie selbst.» Stimmen Sie dieser Aussage zu oder nicht? Wenn ja, versuchen Sie in Ihrer Familie entsprechend zu leben, und wie tun Sie das? Wer ist nach Ansicht Ihrer Kinder der wichtigste Mensch in Ihrem Leben?

Kapitel 3
Die nichts haben, und doch alles haben

Die Erinnerungen meines Vaters ...

1. Dad erinnert sich daran, wie Mrs. Bell ihn dazu brachte, sich «zu bekehren». Haben Sie oder Ihre Kinder Ähnliches erlebt? Hatte das Erleben einen Einfluß auf Ihre geistliche Entwicklung? Welchen?

2. Gott gebrauchte einen verständnisvollen Evangelisten, der meinem Vater zum Vorbild im Glauben wurde. Hat Gott Menschen, die nicht zu Ihrer Familie gehören, benutzt, um Sie zum Glauben zu ziehen? Wen? Was hatten diese Menschen an sich, was Sie angezogen hat? In welcher Weise wurden sie Ihnen zum Vorbild?

3. Mein Vater erinnert sich daran, daß Harold Harper sich um ihn kümmerte und ihm Mut machte. Wie kümmern Sie sich um junge Menschen und machen ihnen Mut, den Weg zu Gott einzuschlagen?

4. «Aus den unmöglichsten Umständen konnte sie Trost schöpfen», sagt Dad über seine Mutter. Er hat erkannt, welch großen Einfluß ihr Beispiel auf ihre Kinder hatte. Wo sind Ihre Eltern Ihnen zu einem Beispiel unerschütterlichen Glaubens geworden? Inwiefern haben diese Beispiele Ihr Leben geprägt?

5. Obwohl die Familie meines Vaters arm war, haben die Kinder nie das Gefühl gehabt, etwas entbehren zu müssen. Was war die Quelle ihrer Zufriedenheit?

6. Was hat Ihre Familie, als Sie ein Kind waren, unter Wohlstand verstanden? War Ihre Familie wohlhabend? In welcher Hinsicht? Was bedeutet es für Sie und Ihre Kinder, «alles zu haben»?

... und die Gedanken eines Sohnes ...

7. An welche «unschuldigen Freuden» Ihrer Kindheit können Sie sich noch erinnern? Inwiefern hat sich diese unschuldige Freude im Laufe der Jahre verändert?

8. Wie würden Sie persönlich auf die Behauptung reagieren: «Über Jahre hinweg habe ich versucht mir einzureden, mein Leben könnte nie von großem Unglück heimgesucht werden, mein Herz würde Frieden und Ruhe in dem finden, was wir Christen so gern die Segnungen des Lebens nennen»?

9. Glauben Sie, «daß Leid und Schwierigkeiten zum Leben eines jeden Menschen dazugehören, auch wenn sie nicht immer so gewaltsam und scheinbar sinnlos zum Ausbruch kommen müssen, wie es gelegentlich der Fall ist»? Durch welche Umstände wurden Sie zu dieser Erkenntnis geführt? Welches Leid, welche Schwierigkeiten mußten Sie durchmachen? Wie äußert sich diese Erkenntnis in Ihrem persönlichen Glaubensleben?

10. Wie empfinden Ihre Kinder Ihr Verhalten angesichts von Leid und Schwierigkeiten? Welche Glaubenshaltung bringen Sie Ihren Kindern gegenüber zum Ausdruck?

11. Ich bin zu der Überzeugung gelangt, daß Gott gut ist, auch wenn uns ein Unglück befällt. «Und das ist der Grund meiner Freude, einer Freude, die zwar ihre paradiesische Unschuld verloren, die aber eine feste Hoffnung hat.» Können Sie dem zustimmen? Wie würden Sie Ihre Position auf dem Weg von der paradiesischen Unschuld zu einer festen Hoffnung beschreiben?

12. Wenn ich an meine Großmutter denke, dann fällt mir auf, daß ihr ein sinnvolles, nützliches Leben wichtiger war als die eigene Lebensqualität. Kennen Sie in Ihrem Lebenskreis Menschen mit derselben Einstellung? Wie kommt sie zum Ausdruck?

13. Wenn ich Dad von seiner Mutter erzählen höre, dann muß ich an meine eigene Mutter denken. Ich habe sie als eine Frau beschrieben, die im Hintergrund wirkt und deren Liebe und Mitgefühl besser durch Taten als durch Worte zum Ausdruck kommen. «Mutter versucht mehr zu lieben, als zu sagen: ‹Ich liebe dich.›» Wie war Ihre Mutter? Wie brachte sie ihre Liebe zu Ihnen zum Ausdruck? Wie zeigen Sie Ihren eigenen Kindern, daß Sie sie liebhaben?

14. Als mein Vater ein Kind war, erhielt seine Mutter von anderen Menschen Geld, damit sein Bruder und seine Schwester Privatschulen besuchen konnten. Dad und seine jüngere Schwester jedoch mußten zu Hause bleiben und in staatliche Schulen gehen. In einer solchen Situation hätten viele Kinder mit Eifersucht oder

Groll reagiert. Statt dessen blickte er «von dieser schmerzlichen Wirklichkeit weg auf das Gute». Kennen auch Sie Menschen, die von den schmerzlichen Wirklichkeiten in ihrem Leben wegsehen auf das Gute? Was haben Sie von ihnen gelernt?

15. Mein Vater hat mir geholfen, zu verstehen, was Mannsein wirklich heißt. «Manchmal ist er unsicher, manchmal versagt er, aber er ist kein Schwächling. Er gibt sich so, wie er sich von Gott geführt weiß.» Was bedeutet Mannsein für Sie? Welche Männer haben Ihnen geholfen, Ihr Mannsein zu definieren?

16. Wie leben Sie jungen Menschen echtes Mannsein vor?

Kapitel 4
Heute habe ich nur zehn Dollar verdient

Die Erinnerungen meines Vaters ...

1. Mein Vater sehnte sich nach der Sicherheit, die ihm ein erfolgreiches Geschäft hätte bieten können. Statt dessen mußte er es lernen, jeden Tag neu darauf zu vertrauen, daß Gott ihn mit dem Nötigsten versorgen würde. Wie sah die finanzielle Situation in Ihrem Elternhaus aus? Was haben Sie aus der Einstellung Ihrer Eltern zu finanzieller Sicherheit oder Unsicherheit gelernt? Worauf setzten Ihre Eltern ihr Vertrauen? Welchen Einfluß hat das auf Ihr heutiges Leben?

2. Dad gibt zu, daß er Gott zwar um Führung in den geschäftlichen Fragen bat, ihm letztlich aber nur an seiner Zustimmung zu seinen persönlichen Wünschen lag. In welchen Lebensbereichen gilt das auch für Sie? Was wäre nötig, damit Sie sich völlig Gottes Führung anvertrauen könnten?

3. Meine Eltern waren ein Team, «ein frommes Team, das sich trotz überwältigender Müdigkeit und entmutigender Finanzlage voll einsetzte». Können Sie das auch von Ihren Eltern sagen? Wo haben Ihre Eltern sich für die Sache Gottes eingesetzt? Was empfinden Sie als positiv an ihrem Einsatz, ob einzeln oder im Team? Welche Auswirkungen hat der Dienst Ihrer Eltern für Ihr Erwachsenenleben?

4. Mein Vater spricht davon, daß er hin und her schwankte «zwischen Zeiten der Verzweiflung und Zeiten des Vertrauens, daß Gott gut ist, auch wenn alle Beweise seiner Güte schmerzlich vermißt wurden». Kennen Sie dieses Gefühl? Wo stehen Sie? Was denken Sie: Was würden Außenstehende zu Ihrer gegenwärtigen Lebensführung sagen?

5. «Ich habe versucht, mein Schiff selbst zu steuern», bekennt mein Vater. «Natürlich will ich, daß der Herr mit an Bord ist. Er ist hochwillkommen, solange er sich nicht einmischt, wenn ich steuere ... Solange die See ruhig ist, habe ich das Gefühl, ich bräuchte seine Hilfe nicht.» Wo versuchen auch Sie, Ihr Schiff selbst zu steuern? Wo ist Jesus auf Ihrem Schiff zu finden?

6. Mein Vater gelangte zu der Überzeugung, daß Gott uns immer hilft, auch dann, wenn wir ihn nicht sehen. Unsere Aufgabe ist es, «ihm das Steuer zu übergeben und ihm zu folgen, wo er hingeht, auch wenn es nicht dorthin ist, wo wir hinwollen». Was hält Sie davon ab, Jesus das Steuer zu übergeben?

... und die Gedanken eines Sohnes ...

7. Als ich die Angestellten meines Vaters beobachtete, ging mir auf, daß sein christlicher Glaube und seine Überzeugungen einen Einfluß auf ihr Verhalten und ihre Sprache hatten. Inwiefern haben die Überzeugungen Ihres Vaters oder Mentors die Menschen seiner Umgebung beeinflußt? Welchen Einfluß haben Ihre Überzeugungen auf die Menschen Ihrer Umgebung?

8. Als ich eine unreife, überhebliche Bemerkung über einen von Vaters Angestellten machte und meinte, ich würde nie in solchen Arbeitsklamotten herumlaufen, mahnte Vater mich: «Alles, was du hast, ist ein Geschenk. Betrachte es nie als eigenes Verdienst. Aber setze es sinnvoll ein.» Er brachte mich dazu, über den Wert anderer Menschen nachzudenken, über die Fähigkeiten, die Gott einem jeden von uns gegeben hat, und über meinen egoistischen Stolz. In welcher Weise hat Ihr Vater/Mentor Ihnen geholfen, den Wert anderer Menschen und ihrer Fähigkeiten schätzen zu lernen? Inwiefern können Sie Ihre eigenen Fähigkeiten als Gabe Gottes ansehen? Wie können Sie Ihren Kindern helfen, ihre Fähigkeiten im rechten Licht zu sehen?

9. Wie beurteilen Sie die Aussage: «Wenn unsere Eltern einen guten Einfluß auf unsere Seele hatten, dann idealisieren wir sie wahrscheinlich, allerdings eher aus einem Gefühl der Abhängigkeit heraus und weil wir darauf angewiesen sind, daß sie uns weiterhin Gutes tun, als aus Bewunderung. War ihr Einfluß schlecht, dann malen wir entweder ein übertrieben idealistisches Bild von ihnen, um eine geliebte Illusion aufrechtzuerhalten, oder wir verachten sie und können selbst ihren guten Seiten nichts Positives abgewinnen»?

10. Ich achte und schätze meine Eltern, weil sie nie den Mut verloren. «Sie haben den Weg eines bewußt im Glauben geführten Lebens nie verlassen, um anderweitig nach Lösungen ihrer Probleme zu suchen.» Können Sie das auch von Ihren Eltern sagen? Oder nicht? Welche Auswirkungen hat das auf Ihr heutiges Leben? Wo sind Sie versucht, den Weg eines bewußt im Glauben geführten Lebens zu verlassen, um nach Lösungen Ihrer Probleme zu suchen? Welche Auswirkungen könnte das auf Ihre Kinder haben?

11. Ich habe gesehen, wie mein Vater seine Kämpfe vor den Herrn brachte. Haben Sie das auch gelernt? Von wem? Inwiefern hat das Beispiel dieses Menschen Sie geprägt?

12. Was halten Sie von der folgenden Aussage? «Der größte und beste Einfluß, den Eltern auf ihr Kind haben können, besteht nicht darin, daß sie immer fröhlich, voller Selbstvertrauen und Stärke sind oder sich so um ihre Kinder bemühen, daß diese ein gesundes Selbstwertgefühl entwickeln können ..., sondern er entsteht da, wo sie sich durch nichts von der Nachfolge Christi abbringen lassen, auch nicht durch Rückschläge und Schwierigkeiten.»

13. Was kann Sie zum Durchhalten ermutigen? Wo haben Sie beschlossen, weiterzumachen, dranzubleiben, obwohl Sie angesichts Ihres Versagens lieber aufgeben würden?

Kapitel 5
Heute möchte ich nicht in den Gottesdienst

Die Erinnerungen meines Vaters ...

1. Für meinen Vater geschah der Gottesdienstbesuch aus einer

Überzeugung heraus, die sich auf die Heilige Schrift gründete. Welche Einstellung hatte Ihr Vater/Mentor zum Gottesdienstbesuch? Inwieweit hat diese Überzeugung auch Sie geprägt?

2. Mein Vater sehnte sich danach, in der Gemeinschaft mit anderen Gläubigen die Gegenwart Christi zu erleben. Wonach sehnte sich Ihr Vater oder Mentor, wenn er zum Gottesdienst ging? Empfinden Sie dasselbe Verlangen? Wenn ja, wie bringen Sie es zum Ausdruck? Wenn nicht, wie gehen Sie damit um?

3. Mein Vater geriet in einen Konflikt, als Meinungsverschiedenheiten mit gewissen Personen in seiner Gemeinde mit seinem Wunsch nach Gemeinschaft kollidierten. Hat Ihr Vater oder Mentor Ähnliches erlebt? Wie ging er damit um? Was haben Sie daraus gelernt?

4. Am Ende seiner «Vision» sagt mein Vater: «Zwar haben damit all die Lehrmeinungen, die ich bislang für wesentlich und grundlegend hielt, ihre Bedeutung nicht verloren, aber ich kann ihnen jetzt ihren Platz zuweisen. Ich erkenne, daß sie es nicht wert sind, Zwiespalt und Bitterkeit unter den Menschen hervorzurufen, die den Erlöser kennen und lieben ... Ohne Beziehungen, die letztlich das Wesen des christlichen Glaubens ausmachen, sind all unsere Lehrsätze nichts anderes als ein tönendes Erz oder eine klingende Schelle.» Wie beurteilen Sie diese Erkenntnis?

5. Könnten Sie auch von Ihrem Vater oder Vorbild sagen, daß er seine Überzeugungen «als Rohre» betrachtet, «durch die Gott seine Liebe zu uns fließen läßt»?

... und die Gedanken eines Sohnes ...

6. In welchen Bereichen sind Ihr Vater und Sie unterschiedlicher Meinung? Wie gehen Sie damit um? Belastet die Art, wie Sie mit Meinungsverschiedenheiten umgehen, Ihre Beziehung, oder fördert sie sie?

7. Haben Ihre Kinder die Freiheit, anderer Meinung zu sein als Sie? Spüren sie, daß sie anderer Meinung sein dürfen? Gelingt es ihnen, dabei höflich zu bleiben? Inwieweit kommt in der Art, wie Sie mit Meinungsverschiedenheiten mit Ihren Kindern umgehen, etwas von Gottes Wesen zum Ausdruck? Werden Ihre Kinder auch darin auf ihn hingewiesen?

8. Was mein Vater über das Gemeindeleben denkt, ist für mich wichtig. Doch gerade deshalb ist es mir oft schwer gefallen, eigene Entscheidungen zu treffen. Haben Sie in der Beziehung zu Ihrem Vater oder Mentor Ähnliches erlebt?

9. Wenn ich eine Entscheidung treffe, von der ich genau weiß, daß mein Vater sie so nicht getroffen hätte, dann wird mir deutlich, wie sehr ich mich letztlich nach seiner Anerkennung sehne. Wo sehnen Sie sich nach der Anerkennung Ihres Vaters? Wo gerät dieser Wunsch nach Anerkennung in Konflikt mit Ihrer Fähigkeit, eigene Entscheidungen zu treffen? Falls Ihr Vater nicht mehr lebt: Hat der Wunsch nach seiner Anerkennung noch immer einen Einfluß auf Ihr Leben?

10. Der Wunsch des Sohnes nach der Anerkennung seines Vaters führt zu einem Kräftespiel, das einer gesunden, vorbildhaften Beziehung nicht förderlich ist. Das erste Element dieses Kräftespiels besteht in dem «Gefühl des Vaters, sein Sohn würde ihn verraten, wenn dieser Sohn Entscheidungen fällt, die der Vater so nicht getroffen hätte». Fühlt Ihr Vater oder Mentor sich verraten, wenn Sie eigene Entscheidungen fällen? Fühlen Sie sich verraten, wenn Ihre Kinder Entscheidungen treffen, die Sie so nicht gefällt hätten? Wie äußert sich dieses Gefühl?

11. Ein zweites Element besteht darin, «daß der Sohn das Bedürfnis hat, sich von dem Mann, dem er am nächsten sein möchte, abzugrenzen ... Der Sohn verbringt sein ganzes Leben in der Spannung zwischen dem Wunsch nach Unabhängigkeit und dem Wunsch nach Anerkennung. Um Anerkennung zu gewinnen, muß er die Ansichten seines Vaters übernehmen; um sich unabhängig zu fühlen, muß er sich über sie hinwegsetzen.» Wie funktioniert dieses Kräftespiel in der Beziehung zwischen Ihnen und Ihrem Vater oder Mentor und zwischen Ihnen und Ihren Kindern?

12. Solange mein Vater oder ich unsere Überzeugungen als Pfosten betrachten, die uns über die anderen erheben, solange werden unsere «Bemühungen, die Welt ... zu beeinflussen, als Druck und als Zwang verstanden werden und entweder Auflehnung hervorrufen oder Unterwürfigkeit fördern». Doch wenn aus unseren Überzeugungen Rohre werden, durch die Gottes Liebe hindurchfließen kann, dann können sie den Dialog fördern und auf andere Menschen einladend wirken. Wie würden Sie Ihre Überzeugungen definieren? Sind sie wie Pfosten? Was könnten Sie

tun, damit sie zu Rohren werden, durch die Gottes Liebe fließt und die tiefere Beziehungen ermöglichen? Wo wollen Sie in den nächsten zwei Wochen etwas ändern?

Kapitel 6
Laß mich bei meinem Bruder sein, wenn er stirbt

Die Erinnerungen meines Vaters ...

1. Mein Vater denkt gern an die gemeinsamen Kinderjahre mit seinem Bruder Cecil zurück. Was für Erinnerungen haben Sie an die Kindheit mit Ihren Geschwistern?

2. Zweifel und Entmutigung plagten meinen Vater, weil sein Bruder kein Christ war. Sind alle Ihre Geschwister Christen? Wenn nein, wie gehen Sie damit um?

3. Dad sah an seinem Bruder viele christliche Tugenden, obwohl Cecil sich vom christlichen Glauben seiner Familie distanzierte. Als Folge konnte Dad sagen: «Ich habe etwas gegen die Christen, die von der Bosheit der Menschen sprechen, die nicht so glauben, wie sie selbst.» Was meinte er damit? Kennen Sie Menschen, die dem Bruder meines Vaters ähnlich sind? Wie reagieren Sie ihnen gegenüber?

4. Als mein Vater mit seinem sterbenden Bruder betete, spürte er, daß die Worte, die er sprach, nicht seine eigenen waren, sondern daß der Heilige Geist selbst für Cecil betete. Obwohl mein Vater nicht weiß, was während oder nach diesem Gebet im Herzen seines Bruders vorging, schöpft er Trost aus dem Bewußtsein, daß der Heilige Geist für seinen Bruder betete. Empfinden auch Sie beim Lesen dieser Geschichte Trost?

5. Es war der aufrichtige Wunsch und das Gebet meines Vaters, doch bei seinem Bruder sein zu können, wenn dieser starb, und «ihm von Christus zu sagen, wenn er den Weg in die Ewigkeit antrat». Als Gott seine Bitte abschlug und Cecil sterben ließ, fiel es Dad schwer, weiter an Gottes Güte zu glauben. Hatten Sie schon mit ähnlichen Problemen zu kämpfen?

6. Mein Vater erinnert sich an die Beerdigungen seines Vaters, seiner Mutter und seines Bruders und stellt fest, daß sie sich in mancher Hinsicht unterscheiden. Sind Sie auf der Beerdigung eines Christen schon einmal besonders gesegnet worden? Wie wünschen Sie sich Ihre eigene Beerdigung?

7. Mein Vater erkennt schließlich, daß seine Kraft allein von dem Einen kommen kann, der ihn anscheinend so enttäuscht hat. «Wohin sollen wir gehen?» Für mich ist Vaters Entscheidung, Gott auch in dieser Situation zu vertrauen, ein Akt des Glaubens. Es wäre sicher einfacher gewesen, weiterhin auf Gott böse zu sein und der Beziehung zu Gott gewisse Schranken zu setzen. Statt dessen hat Dad sich dafür entschieden, selbst dann noch an Gottes Güte festzuhalten, wenn er das Gefühl hat, Gott sei grausam. Hat Ihr Vater oder Mentor Ihnen einen solchen Glauben vorgelebt?

... und die Gedanken eines Sohnes ...

8. Haben Sie je so wie ich zu Gott geschrien: «Gott, ich weiß, daß du gut bist. Aber wozu bist du gut?» In was für einer Situation haben Sie sich dabei befunden? Sind Sie bei der Frage stehengeblieben, oder konnten Sie darüber hinwegkommen? Wer oder was hat Ihnen dabei geholfen?

9. Es ist mir äußerst schwergefallen, zusehen zu müssen, wie mein Vater sowohl körperlich als auch seelisch leiden mußte, ohne daß es Erleichterung gab oder er Gottes Nähe in besonderer Weise erfahren konnte. Wir haben Gott angefleht, Dad doch einmal eine Nacht durchschlafen zu lassen. Aber Gott hat unsere Gebete nicht erhört. Im Gegenteil, Dad schlief noch schlechter und litt mehr. Ich hätte am liebsten geschrien. Haben Sie bei Ihren Gebeten für ein Familienmitglied schon einmal Ähnliches erlebt? Wie sind Sie mit der Situation umgegangen? Was hat Ihnen weitergeholfen?

10. Ich sah mich einem ärgerlichen Geheimnis gegenüber. Ich glaubte, daß es in Gottes Macht stand, meinem Vater zu einem gesunden Schlaf zu verhelfen, und daß er meinen Vater liebte. Aber warum griff er nicht ein? Was erscheint Ihnen an Gottes Wesen so rätselhaft, daß es Ihnen Probleme bereitet? Wie gehen Sie damit um?

11. Wie reagieren Sie auf die folgende Feststellung? «Ich wollte mich selbst davon überzeugen, daß ich Gott dazu bringen konnte, etwas Bestimmtes zu tun. Aber ich war nicht bereit, Gott zu vertrauen, ob er nun auf mich einging oder nicht.»

12. Statt meine Bitte um Schlaf für meinen Vater zu erhören, schenkte Christus mir einen Blick auf sich selbst. Dieser Blick half mir, trotz ungelöster Probleme Ruhe zu finden. Schildern Sie, wie Gott Ihr Schreien einmal damit beantwortet hat, daß er Ihnen einen Blick auf sich selbst schenkte. Welche Bedeutung hatte diese Begegnung mit Gott für Ihr Leben?

13. «Das schönste Lied ist vielleicht der Ausdruck eines ungebrochenen Vertrauens auf Gottes Güte, selbst da, wo wir uns auf keine sichtbaren Beweise stützen können.» Können Sie dieses Lied singen? Wissen Ihre Kinder etwas davon?

Kapitel 7
Ich schrie Gott an, aber er wollte nichts bereuen

Die Erinnerungen meines Vaters ...

1. Haben Sie miterlebt, wie Ihr Vater/Mentor einen geliebten Menschen verlor? Was haben Sie dabei über Ihren Vater/Mentor gelernt? Was haben Sie über Gott gelernt?

2. Wie empfinden Sie das Schreien meines Vaters? Sehen Sie darin einen Mangel an Glauben?

3. Es war meinem Vater schmerzlich bewußt, wie sehr sein Verhalten von dem seines eigenen Vaters abwich. «Papa mahnte uns, im Angesicht des Todes stille zu werden. Meine erste Reaktion war es, meinen Kummer herauszuschreien.» Wie beurteilen Sie die Reaktion der beiden Männer?

4. In seinem Brief an Bill sagt mein Vater, die Gewißheit, daß Bill nun beim Herrn und daß ein Leben bei Christus weit schöner als das Leben auf der Erde sei, habe ihn getröstet. Was tröstet Sie, wenn Sie an Freunde oder Familienangehörige denken, die bereits gestorben sind?

5. Dad spricht von Gottes «wunderbarer Unberechenbarkeit». Was bedeutete diese Formulierung für ihn? Was verstehen Sie darunter?

6. Der gemeinsame Kummer über den plötzlichen Tod ihres Sohnes brachte meine Eltern einander in einer Weise näher, wie sie es in den fünfzig Jahren ihrer Ehe noch nicht erlebt hatten. «Das Wunder jener Momente der intensiven Nähe mitten in der Asche der Trauer über den Tod unseres Sohnes war wirklich wie ein Geschenk des Himmels.» Haben Sie schon einmal etwas Ähnliches erlebt? Einen «Hauch des Himmels»?

7. Betrachten Sie einmal die unterschiedlichen Reaktionen meines Vaters auf den Tod seines Bruders und den Tod seines Sohnes. Worauf sind sie zurückzuführen?

... und die Gedanken eines Sohnes ...

8. Es hat mich sehr betroffen gemacht, daß Vaters «Gedanken weniger darum kreisten, wie sehr er Bill vermißte, als darum, daß Bill nun bei Christus war». Meinen Sie, daß mein Vater damit das Unabänderliche des großen Verlusts verdrängen wollte, oder können Sie sich vorstellen, daß seine Freude echt war? Haben Sie schon einmal miterlebt, daß ein Mensch auf ähnliche Weise auf den Tod eines Angehörigen reagierte? Hat dieses Erleben Sie in irgendeiner Weise geprägt?

9. Wie reagieren Sie auf die folgende Aussage: «Wäre ich gestorben, dann würden die Gespräche in dieselbe Richtung gehen, fort von mir, hin zu Christus. Und das weist mir den rechten Platz zu»?

10. Die Reaktion meines Vaters auf den Tod von Bill zeigt etwas davon, was er unter Elternschaft versteht: «Laßt eure Kinder spüren, daß sie geliebt werden, aber setzt sie nie an Gottes Stelle. Dieser Platz kann mit niemandem geteilt werden.» Nehmen Ihre Kinder den richtigen Platz ein? Wie kann Ihre Liebe zu Gott Ihren Kindern Sicherheit geben und ihnen den richtigen Platz im Leben zuweisen?

11. Wenn mein Bruder mit uns reden könnte, dann würde er wohl sagen: «Gott benutzte die ausdauernde und nicht zu erschütternde Liebe meiner Eltern, um in mir das Verlangen nach seiner

Gnade wachzurufen.» Wie hat Gott Ihre Eltern oder Ihren Mentor benutzt, um in Ihnen ein Verlangen nach ihm wachzurufen? Wie versuchen Sie in Ihren Kindern ein Verlangen nach Gott zu wecken?

12. Bill würde von unseren Eltern sagen: «Ihre Liebe war größer als der Schmerz, den ich ihnen zufügte. Sie wurden böse, manchmal waren sie entsetzt, aber nie haben sie mir etwas nachgetragen. Nie haben sie mich aufgegeben.» Wo haben Sie solche Liebe erlebt? Wie kam sie zum Ausdruck? In welcher Weise fordern Ihre Kinder Sie zu solch einer ausdauernden Liebe heraus? Was können Ihre Kinder durch Ihre geduldige Liebe über Gottes Wesen lernen?

13. Weiterhin würde Bill über unsere Eltern sagen: «Sie haben sich Christus ausgeliefert.... Ich wußte immer, egal was ich tun würde, sie würden Christus treu bleiben.» Wissen Ihre Kinder von Ihrer tiefen Hingabe an Christus? In welcher Weise bringt Ihr Leben diese Hingabe zum Ausdruck? Wird das Leben Ihrer Kinder dadurch berührt?

14. Inwiefern hat das Leben Ihres Vater oder Mentors Ihnen etwas von Gottes umfassenderem Plan offenbart? In welcher Weise offenbart Ihr Leben Ihren Kindern etwas davon?

Kapitel 8
Ich wünschte, ich könnte ihr sagen, wie sehr ich sie liebe

Die Erinnerungen meines Vaters ...

1. Wie haben Ihre Eltern sich kennengelernt? Was haben Sie daraus über Ihre Eltern erfahren? Wissen Ihre Kinder, wie Ihre Eltern sich kennengelernt haben? Kennen Ihre Kinder Ihre eigene Liebesgeschichte?

2. Meine Eltern heirateten in einer Zeit großer wirtschaftlicher Schwierigkeiten, die auch einen Einfluß auf ihre Beziehung hatten. Mit welchen Schwierigkeiten sahen sich Ihre Eltern konfrontiert? Wie gingen sie damit um? Welchen Einfluß hatten sie auf ihre Beziehung?

3. «Wir würden in unserer Ehe alles teilen, ein gemeinsames Bankkonto haben, keinen Unterschied machen zwischen ‹mein› und ‹dein›.» So schildern meine Eltern ihre Ehe. Wie würden Ihre Eltern ihre Beziehung beschreiben? Wie würden Sie Ihre eigene Ehe schildern?

4. Gottes Ziele und Erwartungen an eine Ehe waren meinen Eltern wohlvertraut. Was wußten Sie von Gottes Zielen für die Ehe und von seinen Erwartungen an eine Beziehung, als Sie heirateten? Hat sich diese Erkenntnis im Laufe der Jahre verändert?

5. Die Ehe meiner Eltern hat «Mißverständnisse, Tränen und Worte, die weh tun sollten, überdauert». Ihre Liebe zueinander war so groß, daß sie immer versucht haben, ihre Probleme gemeinsam zu lösen, und nie in Trennung oder Scheidung eine Alternative sahen. Wie sind Ihre Eltern mit Verletzungen und Meinungsverschiedenheiten umgegangen? Inwieweit hat Sie das geprägt? Wie groß ist Ihre Bereitschaft zur Treue?

6. «Einander zu lieben, heißt, am eigentlichen Wesen Gottes teilzuhaben», das glauben meine Eltern. Die Liebe Gottes, wie sie sich in Jesus Christus zeigt, ist für sie der Ursprung ihrer Liebe zueinander. Sie glauben, daß sie «in der Liebe, in Christus, in Gott» sind. Was sagt Ihnen diese Formulierung?

7. Meine Eltern glauben, daß ihre Ehe das Abbild einer größeren Geschichte ist, nämlich der Liebe Christi zu seiner Gemeinde. Ist es Ihnen bewußt, daß auch Ihre Ehe eine größere Geschichte widerspiegeln soll? Wer soll durch Ihre Ehe etwas von der Liebe Gottes erkennen können?

8. Christus hat den Maßstab für die Ehe gesetzt. «Der andere steht im Mittelpunkt, und wir sollen uns mit allen Fasern unseres Wesens für das Wohlergehen des einen Menschen, den wir lieben, einsetzen.» An welches Paar aus Ihrem Bekanntenkreis müssen Sie denken, wenn Sie die Schilderung meiner Eltern lesen? Spiegelt Ihre Ehe etwas von der hingebungsvollen, opferbereiten Liebe Christi wider? Wo könnte Ihre Ehe noch besser werden?

... und die Gedanken eines Sohnes ...

9. Ich weiß, wie schwer es meinem Vater ebenso wie mir fällt, über das zu reden, was in uns vorgeht. Können Sie das nachempfinden? Was tun Sie dagegen? Von welchem Menschen Ihrer Umgebung würden Sie sagen, daß er oder sie Gefühle angemessen zum Ausdruck bringen kann? Was könnten Sie von diesem Menschen lernen?

10. Als ich vorschlug, unsere Familie könnte doch einmal versuchen, ihre Gefühle füreinander offener zu zeigen, erwiderte mein Vater: «Die tiefsten Empfindungen, die zwischen zwei Menschen bestehen, lassen sich nicht in Worten ausdrücken.» Würden Sie dieser Aussage zustimmen oder nicht? Warum?

11. Glauben Sie, daß es zwischen Ehepartnern einen bestimmten Grad an Offenheit geben sollte? Warum?

12. Was halten Sie von der folgenden Aussage? «Die Paare, die eine solche Vertrautheit ausstrahlen, daß ich sie darum beneide, sind, denke ich, weit öfter durch tiefe Zuneigung, gemeinsam ertragene Schwierigkeiten und persönliche Reife zusammengewachsen als durch mutige Verwundbarkeit oder Austausch in erzwungener Offenheit.»

13. Wie bringen Sie Ihrem Ehepartner oder besten Freund gegenüber Ihre Wünsche zum Ausdruck? Wie reagiert die betreffende Person darauf? Inwieweit ist Ihre Fähigkeit, Wünsche zu äußern, noch entwicklungsbedürftig?

14. Wie bringen Sie Ihre Freude zum Ausdruck? Wie reagiert Ihr Ehepartner oder Freund darauf? Inwieweit müssen Sie es noch lernen, Ihre Freude zu zeigen?

15. Wie lassen Sie es Ihren Ehepartner oder besten Freund wissen, wenn Sie mit Problemen zu kämpfen haben? Wie reagiert er oder sie darauf? In welcher Hinsicht müssen Sie es noch lernen, über Ihre Schwierigkeiten zu reden?

16. Welches sind die hauptsächlichen Reibungspunkte in Ihrer Ehe oder Beziehung? Wie haben Sie es im Laufe der Jahre gelernt, damit umzugehen?

17. Können Sie mir darin zustimmen, daß Nähe abgeblockt und Distanz geschaffen wird, wenn wir nicht über unsere Wünsche, Freuden und Probleme reden? Warum?

18. «Von meinem Vater habe ich gelernt, daß die innigste Vertrautheit zwischen einem Mann und einer Frau einen unvergleichlich tieferen Ursprung hat als miteinander geteilte Gefühle. Eine gute Ehe ist abhängig von der Beziehung zu Gott durch Christus, einer Beziehung, die allein uns frei macht, ein Leben lang zu lieben und es immer besser zu lernen.» Gibt es Bereiche oder Situationen, in denen Sie ganz besonders spüren, daß es die Liebe Gottes durch Christus ist, die Sie dazu befähigt, Ihren Partner zu lieben?

Kapitel 9
Wird man mich vermissen?

Die Erinnerungen meines Vaters …

1. Mein Vater denkt über die Reaktionen anderer Menschen auf den Tod meines Bruders nach und fragt sich, ob man ihn auch vermissen wird, wenn er einmal stirbt. Haben Sie sich schon einmal Gedanken darüber gemacht, ob Sie vermißt werden, wenn Sie sterben? Was haben Sie gedacht?

2. Dad sagt: «Oh, natürlich gibt es Menschen, die um mich trauern werden. Aber ich möchte mehr. Wird man mich so vermissen, wie Bill vermißt wird?» Was ist dieses «mehr», nach dem er sich sehnt? Was hat ihn an den Reaktionen auf Bills Leben und Tod so bewegt?

3. Zu seinem Kummer über den Tod seines Sohnes schreibt Vater: «Doch am tiefsten empfinde ich ihn, wenn ich mit Gott allein bin und mit ihm über Bill rede. Ich stelle fest, daß der Verlust meines ältesten Sohnes einen Schmerz hervorruft, der erst dann schwinden wird, wenn wir uns wiedersehen.» Haben Sie schon ähnlich tiefen Kummer erlebt? Woran wird gerade in dieser Trauer Vaters Liebe zu Bill besonders deutlich?

4. Im Blick auf sein eigenes Leben meint Dad, daß die Menschen ihn nur in dem Maße vermissen werden, wie sie in ihm Christus haben erkennen können. Im Leben welcher Menschen haben Sie Christus erkennen können? Wie kam das zum Ausdruck? Durch ihr Verhalten oder durch ihr Wesen, durch das, was sie sagten, oder durch das, was sie dachten? Wie können Ihre Kinder oder andere Menschen Ihrer Umgebung in Ihnen Christus erkennen?

5. Mein Vater sehnt sich danach, «wenigstens einem Menschen etwas zu bedeuten». In gewissem Sinne zeigen Dads Überlegungen in diesem Kapitel, daß er ein sehr bescheidener Mensch ist. Er meint nicht, er habe im Leben allzu vieler Menschen etwas bewirken können. Und doch würden seine Familie und seine Freunde bestätigen, daß er sie mit seinem ganzen Leben immer wieder klar und deutlich auf Christus hingewiesen hat. Wem bedeuten Sie etwas? Schreiben Sie einmal die Namen all der Menschen auf, die Gott Ihnen in den Weg geführt hat und denen Sie ein Zeugnis sein durften. War Ihnen das im Augenblick der Begegnung bewußt? Inwiefern wurde Christus in der jeweiligen Beziehung sichtbar? Nehmen Sie sich die Zeit, Gott einmal für all die Situationen zu danken, in denen er Sie gebrauchte, um sich anderen Menschen zu offenbaren.

6. Am Ende erkennt mein Vater, daß es ihm nicht so sehr darum geht, nach seinem Tode vermißt zu werden, als vielmehr darum, «in der Nähe des Herrn zu bleiben, seine Gedanken zu erforschen, ihm ähnlicher zu werden». Meinen Sie, daß Sie ein glaubwürdigeres Vorbild werden, wenn Sie Christus ähnlicher werden? Wieso? Was können Sie tun, um noch mehr in der Nähe des Herrn zu bleiben?

... und die Gedanken eines Sohnes ...

7. Wenn ich das Leben und die vielen Fragen meines Vaters betrachte, dann überfällt mich manchmal ein Gefühl der Unsicherheit. Ich sehe die Enttäuschungen und Schwierigkeiten, die er durchgemacht hat, und ich frage mich: Wird das Leben für mich anders aussehen? Kommen Ihnen, wenn Sie das Leben Ihres Vaters oder Mentors betrachten, ähnliche Fragen? Führen Sie das etwas näher aus.

8. Mir schien, als würde mein Vater zu mir sagen: «Folge mir, wie ich Christus folge. Aber mach dich auf Überraschungen gefaßt. Der Weg der Nachfolge ist anders, als du erwartest. Zumindest war er das für mich.» Was, meinen Sie, will das Leben Ihres Vaters oder Mentors Ihnen sagen? Welche Botschaft vermittelt Ihr Leben den Menschen, die Ihnen folgen?

9. Von Gott geprägte und gebrauchte Mentoren stellen das Denken der Menschen, die ihnen auf dem Weg folgen, radikal in Frage.

Mein Vater hat meine Vorstellungen in manchen Punkten erschüttert. Wo ist Ihr Denken durch Ihren Vater oder Mentor in Frage gestellt worden?

10. Während andere Menschen versuchten, mir Gott zu erklären, zeigte mein Vater mir, daß Gott ein verlockendes Geheimnis ist – viel zu groß, um es je zu ergründen, aber nahe genug, um ihn kennenzulernen. Was für ein Gottesbild hat Ihr Vater oder Mentor Ihnen vermittelt? Was für ein Gottesbild vermitteln Sie anderen Menschen?

11. Dadurch, daß ich schon als Kind den Gebeten meines Vaters zuhören konnte, habe ich es gelernt, Gott als eine wirkliche Person, als ein echtes Gegenüber zu erkennen, jemanden, mit dem man wirklich reden kann, jemanden, dem auch an mir etwas liegt und dem ich wichtig bin. Was haben Sie durch die Gebete Ihres Vaters oder Mentors über Gott gelernt? Was wurde in ihnen über die Beziehung dieses Menschen zu Gott deutlich? Was offenbaren Ihre Gebete über Ihr Verhältnis zu Gott?

12. Wie reagieren Sie auf die folgende Aussage? «Christus nachzufolgen ist ein echtes Abenteuer voller Gefahren und Enttäuschungen, voller Freude und voller Rückschläge.»

13. Während ich versuche, meinem Vater zu folgen, erfahre ich auch, «daß der Weg zu Gott mich aus dem Klassenzimmer, in dem ich sein Wesen studieren wollte, hinausführt in das Heiligtum, wo ich einen Blick in sein Herz tue.» Welchen Weg hat Sie Ihr Vater oder Mentor geführt?

14. Wie definieren Sie geistliche Reife? Kennen Sie einen Menschen, der für Sie solche Reife symbolisiert? Ist Ihr Vater oder Mentor, gemessen an Ihrer Definition, ein reifer Christ? Sind Sie es?

15. Ich bin zu der Erkenntnis gelangt, daß Wachstum und Reife «vielleicht nicht so sehr das Ende aller Kämpfe und allen Versagens [bedeuten] wie den Mut, sich ihnen zu stellen.» Stimmen Sie dieser Aussage zu oder nicht? Begründen Sie Ihre Haltung. Ist Ihr Vater oder Mentor, gemessen an dieser Definition, ein reifer Christ? Sind Sie es?

Kapitel 10
Das Schönste kommt noch

Die Erinnerungen meines Vaters …

1. Obwohl mein Vater die Menschen, die keine Zweifel kennen, manchmal beneidet, weiß er doch, daß der Zweifel nicht die eine Sünde wider den Heiligen Geist ist und daß Gott an unseren Fragen keinen Anstoß nimmt. Wie ist Ihr Vater, als Sie jung waren, mit Fragen und Zweifeln umgegangen? Hat Ihnen das in Ihrem Glauben geholfen, oder hat es Sie gehindert? Wie gehen Sie mit den Fragen Ihrer Kinder um?

2. Als mein Vater über den Einfluß seines Vaters auf sein Leben und seinen Glauben nachdachte, setzte er sich hin und schrieb ihm einen Brief, obwohl sein Vater schon seit mehr als fünfundsiebzig Jahren tot war. In diesem Brief erzählt er seinem Vater, er habe ihm «eine Ahnung von dem Einen vermittelt, den wir beide Vater nennen und der mir so vertraut ist, daß ich ihn liebevoll Papa nenne». Wie wäre es, wenn auch Sie Ihrem Vater einen Brief schrieben, in dem Sie ihm erzählen, wie er Ihnen half, Gott zu erkennen und zu lieben? Falls Ihr Vater noch lebt, könnten Sie ihm Ihren Brief schicken. Falls nicht, oder falls Sie keine Möglichkeit haben, mit ihm in Kontakt zu treten, dann benutzen Sie den Brief, so wie mein Vater es tat, als Ventil. Oder schreiben Sie einem Ihrer geistlichen Vorbilder einen Brief, in dem Sie Ihre Dankbarkeit zum Ausdruck bringen.

3. Beim Gedanken an seinen eigenen Tod überlegt mein Vater, ob es ihm so gehen wird wie Bunyans Christ, der sagte: «Ich versinke in tiefen Wassern; die Wogen gehen über mein Haupt. Ich werde kein Land sehen», oder eher wie Hoffnungvoll, der ausrief: «Ich sehe die Pforte schon und jene, die zu unserem Empfang bereitstehen.» Kennen Sie jemanden, dessen Haltung gegenüber Tod und Sterben Sie als vorbildlich betrachten? Was empfinden Sie an der Einstellung dieses Menschen als so überzeugend? Was empfinden Sie, wenn Sie an Ihren eigenen Tod denken?

4. Vater spricht oft davon, einen «Hauch des Himmels» zu erhaschen. Und dieser Hauch hat in ihm ein Sehnen danach geweckt, bei Jesus und bei den Angehörigen seiner Familie zu sein, die ihm vorausgegangen sind. Für meinen Vater liegt das Schönste noch

vor ihm. Haben Sie schon einmal einen «Hauch des Himmels» verspürt? Sehnen Sie sich nach dem Himmel? Warum?

... und die Gedanken eines Sohnes ...

5. Lassen Sie Ihre Gedanken einmal in die Vergangenheit zurückwandern. Welches Vermächtnis haben Ihnen Ihre Eltern, Ihre Großeltern und Urgroßeltern hinterlassen? Was ruft in Ihnen besondere Dankbarkeit hervor?

6. Wie weit gilt die folgende Aussage auch für Sie? «Wenn ich über meine Geschichte, und besonders über den Gott meines Vaters, nachdenke, dann wächst in mir die Gewißheit, daß mein Leben wirklich in einen größeren Rahmen hineingehört, daß die Geschichte in mir und durch mich hindurch in meinen Söhnen eine Fortsetzung hat.»

7. Denken Sie einmal über Ihre Rolle in Gottes größerer Geschichte nach. Gibt es ein besonderes Erleben, das dem alleinigen Zweck diente, «den Nebel mit dem strahlenden Schein von Gottes Wesen zu durchdringen»?

8. Ist auch Ihnen, so wie mir, daran gelegen, daß Ihre Kinder ihre Rolle in Gottes Geschichte gut spielen?

9. Nehmen Sie sich vor, Ihren Kindern einen Brief zu schreiben. Vielleicht sind sie noch zu klein, um ihn jetzt zu verstehen, aber schreiben Sie ihn trotzdem und heben Sie ihn auf, bis Ihre Kinder älter sind. Sagen Sie Ihren Kindern in dem Brief, was sie Ihnen bedeuten und was Sie ihnen wünschen. Erinnern Sie Ihre Kinder an ihr Erbe und daran, daß ihr Leben in Gottes größeren Rahmen hineingehört. Machen Sie ihnen Mut, für Christus zu leben.

10. Sicher wünschen auch Sie sich, daß Ihre Kinder einen guten Einfluß auf ihre Umgebung haben. Wie stellen Sie sich das vor? Wie helfen Sie Ihren Kindern dabei?

Gedanken zweier Söhne und Enkel: Der Gott unseres Vaters und Großvaters

Gedanken von Kep Crabb

1. Kep sagt, er habe nach dem Lesen von Vaters Geschichte «in einer manchmal so hoffnungslosen Welt neue Hoffnung gespürt». Können Sie diese Aussage nachvollziehen? Ist es Ihnen ähnlich ergangen? Beim Lesen welcher Abschnitte haben Sie diese Hoffnung besonders gespürt?

2. Kep ist dankbar für «die einzigartige Möglichkeit, unter Menschen aufzuwachsen, die Jesus liebhaben». Für Kep gehören dazu auch die Familienangehörigen. Denken Sie einmal an die gläubigen Menschen, mit denen Gott Sie, in Ihrer Kindheit und auch heute, umgeben hat. Wen stellt Gott Ihren Kindern in der Zeit ihres Heranwachsens an die Seite?

3. Was Kep an seinem Großvater besonders beeindruckt, ist seine Fähigkeit, sich trotz allem Schweren, was er durchmachen mußte, nicht nur eine positive Einstellung zum Leben zu bewahren, sondern auch einen tiefen Sinn für Humor. Wieso meinen Sie, daß gerade diese Eigenschaft auf Kep so anziehend wirkt? Was kommt für Kep darin vom Glauben seines Großvaters und seiner Vorstellung von Gott zum Ausdruck? Wer ist Ihnen in dieser Hinsicht zum Beispiel geworden?

4. Unsere Söhne haben ihren Großvater oft von der größeren Geschichte erzählen hören, die Gott durch sein Leben schreiben will. Kennen Ihre Kinder die Geschichte ihrer Großeltern? Wenn nicht, was könnten Sie dazu tun, daß es geschieht? Was könnten Sie dazu tun, daß Ihre Kinder etwas von den Kämpfen und Freuden ihrer Großeltern erfahren? Und falls Ihre Eltern keine Christen sind, wie können Sie Ihren Kindern helfen zu begreifen, daß das Leben ihrer Großeltern dennoch in Gottes größere Geschichte hineingehört, auch wenn sie sich Gott nicht anvertrauten?

5. Zwei Dinge im Leben seines Großvaters bewegen Kep besonders: Glaube und Vertrauen. Welche Charakterzüge, welche innere Haltung fällt Ihren Kindern bei ihren Großeltern besonders auf? Was bewegt Sie im Blick auf das Leben Ihrer Eltern, und wie können Sie Ihren Kindern das nahebringen?

6. Mein Vater ist meinen beiden Söhnen in vielerlei Hinsicht zum Vorbild geworden; er hat sie zum Guten beeinflußt. Kep sagt: «Mein Großvater ließ sich durch die Schwierigkeiten näher zu Gott und in die Abhängigkeit von ihm treiben. Das möchte ich auch.» Inwiefern sind Ihre Eltern Ihren Kindern zum Vorbild geworden? Wie können Sie Ihren Eltern dafür danken?

7. Es hat mich betroffen gemacht, daß Kep im Blick auf Rachael und mich dieselben Worte gebraucht, die mein Bruder über unsere Eltern gesagt hätte: «Meine Eltern haben mich nie aufgegeben.» Ich denke, daß in diesem Satz ganz besonders zum Ausdruck kommt, wie wichtig gute Vorbilder sind. Sowohl in Rachaels wie in meinem Elternhaus wurde uns eine Liebe vorgelebt, die auch dann nicht aufgab, wenn eines der Kinder vom rechten Weg abwich. Weil wir solche Liebe erlebt haben, können auch wir unsere Söhne, mit Gottes Hilfe, bedingungslos lieben. Können Sie in der Art, wie Ihre Eltern oder Mentoren mit bestimmten Problemen umgingen, und der Art, wie Sie sich heute in ähnlichen Situationen verhalten, eine gewisse Kontinuität feststellen?

8. Kep erinnert sich an ein Erlebnis aus seiner Kindheit, das ihm half, Gottes Wesen klarer zu erkennen. Können Sie sich an bestimmte Begebenheiten mit Ihren Eltern oder Großeltern erinnern, durch die Sie eine Ahnung von Gottes Wesen erhalten haben?

9. Wie weit hat das Leben Ihrer Großeltern Sie geprägt? Schreiben Sie Ihren Großeltern, falls sie noch am Leben sind, einen Brief, und danken Sie ihnen für alles, was Sie von ihnen empfangen haben. Nehmen Sie sich außerdem die Zeit, um mit Ihren Kindern darüber zu reden, was Ihre Großeltern Ihnen bedeutet haben.

Gedanken von Ken Crabb

10. Obwohl Kens Glaube noch nie durch den Tod eines nahestehenden Menschen auf die Probe gestellt wurde, möchte er doch, wenn dieser Fall einmal eintritt, so reagieren wie sein Großvater. «Er hat tiefe Schmerzen und beunruhigende Zweifel ertragen, aber immer hat er wieder auf den Weg zurückgefunden, der zu Gott führt.» Wessen Beispiel macht Ihnen Mut, sich den Dingen, die noch vor Ihnen liegen, zu stellen?

11. Wie weit gilt Kens Bemerkung über seine Großeltern auch für Ihre Großeltern oder Eltern? «Obwohl Großvater all das fehlte, was die meisten Menschen meiner Generation für lebensnotwendig halten, ging es ihm besser als vielen meiner Freunde.»

12. Ken meint, eines der größten Geschenke, das Carolyn und er ihren zukünftigen Kindern machen könnten, sei das, was seine Urgroßeltern seinem Großvater, was seine Großeltern seinen Eltern und was seine Eltern ihm gaben: eine Liebe zum Gott ihrer Väter, eine Liebe zueinander und eine Liebe zu ihren Kindern. Was ist das größte Geschenk, das Ihre Eltern und Großeltern Ihnen gaben? Was ist das größte Geschenk, das Sie Ihren Kindern geben möchten?

13. Ken hat erkannt, daß er zum Teil mit denselben Problemen zu kämpfen hat wie sein Großvater: Gott die Führung des eigenen Lebens zu überlassen, auch inmitten von Ungewißheit und Chaos Frieden zu finden. Wo haben Sie mit Problemen zu kämpfen, die auch Ihre Eltern und Großeltern schon kannten? Was können Sie aus der Art, wie sie damit umgingen, lernen?

14. Ken sieht auch, daß sein Großvater eine Reife erlangt hat, von der er im Moment nur träumen kann. Er wünscht sich, so gern in den Gottesdienst zu gehen und die Gemeinschaft mit anderen Gläubigen zu suchen wie sein Großvater, und fragt sich, ob er sich je so auf den Himmel freuen wird wie er. Welche Eigenschaften oder Charakterzüge Ihrer Eltern oder Großeltern hätten Sie gern? Wodurch sind diese Eigenschaften und Charakterzüge entstanden und gefestigt worden?

15. Im Blick auf die Liebesgeschichte seiner Großeltern sagt Ken: «Unsere Ehe ist nach dreizehn Monaten gut, aber ich sehne mich nach der Nähe und Vertrautheit, die ich bei meinen Eltern und Großeltern sehe… Ich möchte, daß wir beide eine so tiefe Nähe und Einheit erfahren, wie sie in den Ehen meiner Eltern und Großeltern sichtbar wird.» Haben Ihre Eltern und Großeltern Ihnen in dieser Hinsicht ein Vorbild gegeben? Wie hat sich in ihrer Ehe die Nähe und Vertrautheit geäußert? Falls die Ehe Ihrer Eltern Ihnen kein Vorbild ist, überlegen Sie, wessen Ehe Sie als vorbildhaft betrachten und warum.

16. Angesichts der «gähnenden Kluft», die sich zwischen Ken, dem jungen Erwachsenen, und seinem Großvater auftut, sagt Ken: «Ich nehme an, daß zum Bau [dieser Brücke, mit deren Hilfe er

auf die Seite seines Großvaters gelangen kann] eine Reihe unerwarteter Schwierigkeiten nötig sein werden, die mich ganz auf Gott zurückwerfen.» Können Sie dem zustimmen? Wieso?

17. Durch die Liebe seiner Eltern hat Ken angefangen, etwas davon zu begreifen, daß Gott ihn sucht und in seine Nähe ziehen will. Inwieweit hat das Vorbild Ihrer Eltern Ihnen geholfen, Gott zu erkennen? Was tun Sie, damit Ihre Kinder Gott erkennen und seine Nähe suchen können?

18. Ich bin Gott von ganzem Herzen dankbar, daß unsere beiden Söhne den Weg der Nachfolge gehen. Ich bin dankbar, daß mein Vater sowohl mir wie auch ihnen diesen Weg gezeigt hat. Wenn Sie über den Einfluß nachdenken, den Ihre Eltern oder Mentoren auf Sie hatten und den Sie, aufgrund ihres Vorbilds, auf Ihre eigenen Kinder haben, dann danken Sie Gott, daß er Familien und Vorbilder gebraucht, um sich selbst zu offenbaren und uns in seine Nähe zu ziehen.

Vom selben Autor:

Lawrence J. Crabb/Dan B. Allender

Dem andern Mut machen

Seelsorge im täglichen Miteinander
140 Seiten, ABCteam-Paperback Nr. 376

Die Lieder waren schön, die Predigt gut, Freunde und Bekannte hat man lächelnd begrüßt – und geht doch traurig und bedrückt nach Hause.
Ein Einzelfall? Auch Christen verstecken sich immer wieder hinter Masken. Angst vor Bloßstellung, Kritik oder Zurückweisung sind der Grund. Die Folge: Echte, offene Gemeinschaft im biblischen Sinn wird unmöglich – man verkümmert innerlich.
Persönliche Begegnung und Ermutigung sind notwendig, sie werden in der Bibel ganz großgeschrieben. Was aber ist damit gemeint, und wie sieht dies praktisch aus?
Die Autoren, erfahrene Fachleute auf dem Gebiet biblischer Seelsorge, begnügen sich nicht mit oberflächlichen Tips und gutgemeinten Ratschlägen. Auf biblischer und psychologischer Grundlage beschreiben sie zunächst menschliche Grundbedürfnisse. Mit geübtem Scharfblick durchleuchten sie das Spiel persönlicher Schutz- und Abwehrmechanismen. Schließlich weisen sie Wege zu echter, mutmachender zwischenmenschlicher Begegnung.

Brunnen-Verlag · Basel und Gießen

Vom selben Autor:

Lawrence J. Crabb

Als Mann und als Frau

Kampf der Geschlechter oder Freude am Unterschied
199 Seiten, ABCteam-Paperback Nr. 497

Die heutige Debatte um die Gleichberechtigung von Mann und Frau hat bislang nicht nur befriedigende Lösungen hervorgebracht, sondern auch eine Reihe von neuen Problemen. Sicher war es an der Zeit, allzu starre Rollenfixierungen aufzubrechen, aber das darf nicht darüber hinwegtäuschen, daß Mann und Frau zwar gleichwertig, in ihrer Art dennoch verschieden sind.
Wo diese Verschiedenheit nicht ernstgenommen wird, ist keine Basis mehr vorhanden, um mit Konflikten umzugehen, trotz vieler Rezepte dafür, wie Kommunikation zwischen Mann und Frau funktionieren kann.
Wichtig ist jedoch nicht, so der Psychiater und Eheberater Lawrence Crabb, daß jeder die Freiheit hat, sich selbst zu verwirklichen. Das wesentliche Problem kann nicht durch Selbsterkenntnis und selbstbewußtes Auftreten dem Partner gegenüber angegangen werden. Statt dessen gilt es, zu erkennen, wo der Kern vieler Beziehungsprobleme eigentlich liegt – in der Selbstzentriertheit des einzelnen.
Der Autor zeigt auf, wie tief diese Selbstzentriertheit im Menschen steckt und wie unfähig sie ihn macht, auf die Andersartigkeit des Gegenübers einzugehen.
Crabb hält der Selbstbezogenheit Vergebung und Liebe entgegen, die das Wohlergehen des anderen sucht. Und schließlich macht er seinen Lesern neue und herausfordernde Vorschläge für eine bessere Beziehung von Mann und Frau.

Vom selben Autor:

Lawrence J. Crabb

Von innen nach außen

Veränderung ist möglich
228 Seiten, ABCteam-Paperback Nr. 466

Wer wünschte sich nicht manchmal, anders zu sein? Netter, liebevoller, gelassener, zufriedener, hilfsbereiter... Und wer hätte nicht schon manches versucht, um das zu schaffen? Hat sich bemüht, regelmäßiger in der Bibel zu lesen, in den Gottesdienst zu gehen, in der Gemeinde mitzuarbeiten oder sich einfach zusammenzureißen – und hat sich gewundert, daß alle Anstrengungen letztlich nichts genutzt haben!
Zu echter, dauerhafter Veränderung gehört mehr, sagt Larry Crabb. Es geht nicht nur um oberflächliche, gewissermaßen kosmetische Übungen, die den Kern des Wesens unberührt lassen. Vielmehr geht es darum, sich mit dem Zustand des eigenen Herzens ehrlich auseinanderzusetzen – dem Ärger, den Ängsten, den seelischen Verwundungen, den kaum zu kontrollierenden Trieben... und Gott daran arbeiten zu lassen.
Echte Veränderung geschieht von innen nach außen!